PRIMER NIVEL

¡Ya verás!

SECOND EDITION

WORKBOOK/LAB MANUAL

Stephen J. Collins
Boston College High School

Douglas Morgenstern
Massachusetts Institute of Technology

revised by Greg Harris & Joe Wieczorek
Clay High School / Centennial High School

TEXT PERMISSIONS

p. 138 "Móntate en Madrid" and **p. 143** "Abono transportes" used courtesy of Servicio de Información de Transportes; **p. 163** "'Blossom' en español" from *¡Oye!* (September–October, 1993); **p. 179** "Goleadores," **p. 183** excerpt from the sports pages, and **p. 194** "Conchita Martínez" from *El País* (April 3, 1995); **p. 201** "Jóvenes ídolos españoles" from *¿Qué tal?*; **p. 207** "Mundo del disco" and **p. 242** "Modas" from *Alerta*; **p. 216** "Deportes" from *Diario la Prensa*.

Manufactured in the United States of America.

ISBN 0-8384-6183-2 (Student Edition)

10 9 8 7 6 5 4 3 2

CONTENTS

¡Ya verás! and *Atajo*

The *¡Ya verás!* program is supported by *Atajo,* **Writing Assistant for Spanish,** a software program that provides access to vocabulary, useful phrases, grammar structures with explanations, and an on-line bilingual dictionary. The **¡Adelante!** activities at the end of each **etapa** are ideally suited to the use of *Atajo.* Appendix A lists the topics and specific items included in the *Atajo* program. The *Atajo* **Writing Assistant** is available from Heinle & Heinle Publishers.

◇◈◇◈◇◈◇◈◇◈◇◈◇ PRIMERA UNIDAD ◇◈◇◈◇◈◇◈◇◈◇◈◇

Vamos a tomar algo

Planning Strategy

You are tutoring a Spanish exchange student at your school in English. Answer the student's questions by suggesting some useful words, phrases, and expressions in English.

1. *If I want something to eat or drink after school, where should I suggest to other students that we go? There aren't any cafés here, are there?*

_____

_____

_____

2. *When we get there, what do I say when I order something to eat or drink?*

_____

_____

_____

3. *What do I say when I run into some students I know on the street? How do I greet them?*

_____

_____

_____

4. *What do I say when I am introduced to a teacher or to someone's parents?*

_____

_____

5. *How do I make an introduction? Does it depend on who the person is?*

_____

_____

_____

CAPÍTULO UNO

VAMOS AL CAFÉ

Vocabulario

Para charlar

Para saludar

Buenos días.
Buenas tardes.
Buenas noches.
¿Cómo estás?
¿Cómo te va?
¿Qué tal?
¿Qué hay?
¿Qué pasó?
¿Qué pasa?
¡Hola!

Para contestar

Buenos días.
Buenas tardes.
Buenas noches.
Bien, gracias. ¿Y tú?
Más o menos.
Muy bien, gracias.
Regular.
Bastante bien.
¡Hola!

Para presentar

Te presento a…

Para despedirse

Adiós.
Chao.
Hasta luego.
Nos vemos.

Para contestar

Mucho gusto.
¡Hola!

Para expresar gustos

(No) Me gusta…
(No) Te gusta…

Para hablar en un restaurante

¿Qué desea tomar?
¿Qué desean tomar?
Yo quisiera…
¿Y Ud.?

Voy a comer…
Aquí tienen.
Para mí…
¡Comamos algo!

¡Un refresco, por favor!
Vamos al café.
Vamos a tomar algo.

Temas y contextos

Bebidas

una botella de agua
  mineral
un café
un café con leche
un chocolate
una granadina
  (con agua mineral)
un jugo de naranja
un licuado de banana /
  fresas / melocotón

una limonada
un refresco
una soda
un té
un té con leche
un té con limón
un vaso de agua
  (con limón)

Comidas

un bocadillo
un croissant
desayuno
mantequilla
una medialuna
mermelada

un pan dulce
un pan tostado
un pastel de fresas
una rebanada de pan
un sándwich de jamón
  y queso

Vocabulario general

Adverbios

a veces
bien
después
mal
muchísimo
mucho
muy
poco
siempre
todos los días

Pronombres

yo
tú
usted (Ud.)
nosotros(as)
vosotros(as)
ustedes (Uds.)

Sustantivos

un(a) camarero(a)
una merienda
música
un señor
una señora
una señorita

Verbos

bailar
cantar
comer
desear
escuchar
estudiar
hablar
practicar
tomar
trabajar
viajar

Otras palabras (words)
y expresiones

algo
perdón
pues

PRIMERA ETAPA

A. **¡Hola!** For each of the drawings below, write a short conversation. In the first picture, the people greet each other; in the second, Esperanza makes introductions; and in the third, they say good-bye. When appropriate, use the names indicated.

1. _____

_____

_____

_____

Pilar   *Mariana*

Juan   Esperanza   Felipe

Pedro   Emilio

2. _____

_____

_____

3. _____

_____

_____

Repaso ─────────────────────────────

Expressing likes and dislikes — **gustar** + activities

¿Te gusta cantar?   **No me gusta** cantar.
Me gusta bailar.

B. **¿Te gusta?** Look at the pictures and pretend you are talking to the person pictured in each. Write your conversation, according to the model.

MODELO: *¿Te gusta hablar español?*

Sí, me gusta hablar español.

¡BUENOS DÍAS! ¿CÓMO ESTÁS?

1. _____

_____

2. _____

_____

3. _____

_____

4. _____

_____

5. _____

_____

Repaso

Adverbs

mucho	**poco**
muchísimo	**muy poco**

C. **¡Mucho!** Select the adverb that best describes your interest in the activities pictured in Exercise B on pages 4 and 5. Answer in a complete sentence.

MODELO: *Me gusta mucho hablar.*

1. _____

2. _____

3. _____

4. _____

5. _____

D. **¡Leamos!** *(Let's read!)* Pick a drink for yourself and each of your friends and list them below.

BEBIDAS

Café...$2,6
Café con leche $2,6
Té..$2,6
Té con limón...$2,6
Chocolate $2,8
Licuado de fresas $3,8
Limonada...$2,8
Granadina...$3,5
Refresco...$3,2
Botella de agua mineral $2,6

Yo: _____

_____

_____

_____

_____

E. **¿Qué desea tomar?** You are seated in a café. When the waiter comes over, you order the following beverages.

MODELO: *Un té con limón, por favor.*

1. _____   2. _____

3._____ 4. _____

5._____ 6. _____

F. **Al café...** Two young friends go to a café. They talk about what they want to drink, then one of them calls a waiter and orders. Complete the conversation below.

ANITA: Yo quisiera un café, ¿y tú?

ROBERTO: _____

ANITA: _____

CAMARERO: Sí, señorita, ¿qué desea tomar?

ANITA: _____

CAMARERO: ¿Y Ud., señor?

ROBERTO: _____

CAMARERO: Muy bien...

TERCERA ETAPA

G. **¡Leamos!** Choose from the café menu the food and drink that you and two friends would like. List the choices for each person below, using the appropriate article **(un or una).**

BOCADILLOS Y SANDWICHES

	Pesetas
Bocadillo de tortilla	190,—
Bocadillo de queso	190,—
Bocadillo de chorizo o salchichón	
o salami	200,—
Bocadillo de jamón serrano	235,—
Sándwich de jamón York	190,—
Sándwich de queso	190,—
Sándwich de jamón y queso	235,—

REFRESCOS

	Pesetas
Aguas minerales, 1/2 botella	100,—
Colas y refrescos, botella	110,—
Colas y refrescos, lata 33 cl.	150,—

BEBIDAS CALIENTES

	Pesetas
Café o Nescafé, solo o con leche	80,—
Leche con azúcar	80,—
Té, tila o manzanilla	80,—

Person _____

Food _____

Drink _____

Person _____

Food _____

Drink _____

Myself _____

Food _____

Drink _____

H. **El desayuno y la merienda** You are seated in a café. When the waiter comes, you order something to eat and/or drink. On the basis of the drawings, write what you order.

1. _____

_____

2. _____

_____

3. _____

_____

4. _____

_____

5. _____

_____

6. _____

_____

7. _____

_____

Repaso

The present tense of regular **-ar** verbs (first and second persons)

yo	**tomo**	nosotros	**tomamos**
tú	**tomas**	vosotros	**tomáis**
Ud.	**toma**	Uds.	**toman**

I. **Los verbos regulares en** *-ar* Give the appropriate forms of each infinitive.

1. **cantar**
   a. Yo _____ mal.
   b. Tú _____ bien.
   c. Ud. _____ muy bien.
   d. Nosotros _____ todos los días.
   e. Uds. _____ mucho.
   f. Vosotros_____ poco.

2. **estudiar**
   a. Ud. _____ matemáticas.
   b. Yo _____ español.
   c. Nosotras _____ inglés.
   d. Uds. _____ con los amigos.
   e. Tú _____ en clase.
   f. Vosotros_____ en la cafetería.

3. **desear**
   a. Nosotros _____ bailar a veces.
   b. Uds. _____ viajar a España.
   c. Yo _____ comer algo.
   d. Ud. _____ un bocadillo.
   e. Tú _____ pan tostado.
   f. Vosotras _____ una granadina.

J. **¿Tú, Ud., Uds.?** In making the following statements, you must decide whether to use **tú, Ud.,** or **Uds.**

Tell the following people that they are traveling to Spain.

MODELO: your best friend *Tú viajas a España.* _____

1. your cousin _____

2. your parents' friends _____

3. your teacher _____

4. your friends _____

Tell the following people that they sing well.

5. your uncle _____

6. your father's boss _____

7. your friend's parents _____

8. your brother's friends _____

Tell the following people that they speak Spanish well.

9. your principal _____

10. your brother and sister _____

11. your friend's mother _____

12. your sister _____

K. **¡Hablemos de Ud.!** *(Let's talk about you!)* First, assume that your teacher asks you questions. Answer affirmatively using the appropriate form of the verb.

MODELO: ¿Tú hablas español? *Sí, hablo español.*

1. ¿Tú escuchas música clásica? _____

2. ¿Tú cantas bien? _____

3. ¿Tú trabajas mucho? _____

4. ¿Tú viajas mucho? _____

Now assume that your friend asks you questions. Answer affirmatively again using the appropriate form of the verb.

5. ¿Tú practicas todos los días? _____

6. ¿Tú escuchas música en clase? _____

7. ¿Tú estudias matemáticas? _____

Now assume that your teacher asks the class questions. Answer affirmatively using the appropriate form of the verb.

8. ¿Uds. viajan a México? _____

9. ¿Uds. escuchan música popular? _____

10. ¿Uds. desean cantar? _____

Repaso

Adverbs

bien	todos los días
muy bien	siempre
mal	a veces

L. **¡Muy bien!** Guillermo, a student from Spain, wants to know about your activities. Select an appropriate adverb to answer his questions.

1. ¿Tú hablas español? _____

2. ¿Tú escuchas música? _____

3. ¿Tú trabajas? _____

4. ¿Tú estudias mucho? _____

5. ¿Tú cantas bien? _____

6. ¿Tú bailas? _____

CAPÍTULO DOS

¡VAMOS A UN BAR DE TAPAS!

Vocabulario

Para charlar

Para saludar
¿Cómo está Ud.?
¿Cómo están Uds.?
Buenos días.
Saludos a tus padres.

Para contestar
(Estoy) Bien, gracias. ¿Y Ud.?
Muy bien, gracias.

Para presentar
Quisiera presentarle(les) a…

Para contestar
Encantado(a).

Temas y contextos

Tapas españolas
unas aceitunas
unos cacahuetes
unos calamares
chorizo
pan
unas patatas bravas
queso
una tortilla (de patatas)

Vocabulario general

Pronombres	*Verbos*	*Otras palabras y expresiones*
él	acabar de	dinero
ella	ganar	mi amigo(a)
ellas	mirar	el (la) señor(a)
ellos	necesitar	también
	tocar	tampoco
		van a…
		¿verdad? / ¿no?

PRIMERA ETAPA

A. **¡Leamos!** Supply the price for each of the items listed below. If necessary, look at the items pictured on page 27 of the textbook for help.

1. aceitunas _____

2. calamares _____

3. queso _____

4. patatas bravas _____

5. chorizo y pan _____

6. tortilla de patatas _____

7. cacahuetes _____

B. **¿Qué es?** *(What is it?)* Identify each of the items that is available at a **bar de tapas**.

MODELO: *un sándwich de jamón y queso*

1. _____   2. _____

3. _____   4. _____

5. _____   6. _____

Repaso

Regular **-ar** verbs (third person)

él, ella **trabaja**   ellos, ellas **trabajan**

C. **Los estudiantes de otros países** *(Students from other countries)* There are many foreign exchange students in Spain. They speak different languages, study different subjects, and travel to different cities. Complete the following statements with the appropriate form of the verb.

¿Qué lengua *(What language)* hablan?

1. Etienne _____ francés.

2. Tchen _____ chino.

3. Rachel y Sharon _____ inglés.

¿Qué estudian en España?

4. Mongo y Amadou _____ matemáticas.

5. Mary Ellen _____ español.

6. Heinrich _____ música.

¿Adónde *(Where)* viajan?

7. Yoshi _____ a Toledo.

8. Mireille y Suzanne _____ a Barcelona.

9. Bruno _____ a Málaga.

D. **Tres compañeros de clase** *(Three classmates)* Write three sentences about a female classmate and three sentences about two male classmates. Use at least four of the following verbs: **cantar, hablar, estudiar, viajar, mirar, trabajar, ganar, bailar, tocar.**

1. Mi amiga _____

_____

_____

_____

_____

2. Mis amigos _____ y _____

_____

_____

_____

_____

Repaso

Asking and answering yes/no questions

Questions	Responses
¿Ud. viaja mucho?	**Sí, yo viajo mucho.**
¿Viaja Ud. mucho?	**No, yo no viajo mucho.**
Ud. viaja mucho, **¿verdad?**	
Ud. viaja mucho, **¿no?**	

E. **¿Habla Ud. inglés?** Ask for the following pieces of information, inverting the verb and subject. Then answer each question affirmatively.

MODELO: hablar / Miguel / inglés

¿Habla Miguel inglés?

Sí, Miguel habla inglés.

1. trabajar / Francisco / en La Coruña

_____

_____

2. viajar / Carmen / a Valencia

_____

_____

3. bailar bien / Paquita y Rosa

_____

_____

4. tocar el piano / Clara

_____

_____

5. trabajar / Uds. / en la cafetería

_____

_____

F. **Algunas** (A few) **preguntas** Make up questions that you might ask one of your classmates in order to get to know him or her a little better. Use the words **verdad** or **no** to form your questions. Then answer each question negatively. Use the following verbs and expressions: **estudiar, trabajar, tocar, escuchar música, mirar la televisión.**

MODELO: _Tú bailas bien, ¿verdad?_

No, yo no bailo bien.

1. _____

_____

2. _____

_____

3. _____

_____

4. _____

_____

5. _____

_____

G. **Laura y Tomás** Laura and Tomás are Mexican high school students. Ask them the following questions. Then answer the questions according to the information suggested by the drawings. Vary the forms of your questions.

Ask Laura and Tomás:

MODELO: if they speak Spanish

¿Hablan Uds. español?

Sí, hablamos español.

1. if they travel much

_____

_____

2. if they study a lot

_____

_____

Ask Tomás:

3. if he plays the guitar

_____

_____

4. if he speaks German

_____

_____

Ask Laura:

5. if she speaks English

_____

_____

6. if she watches TV a lot

_____

_____

SEGUNDA ETAPA

H. **Buenos días...** For each of the drawings below, write a short conversation. In the first picture, the people greet each other; in the second, Sofía makes introductions; in the third, they say good-bye. When appropriate, use the indicated names.

1. _____

_____

_____

_____

_____

Sra. Carrillo   Marcos

2. _____

_____

_____

_____

_____

Ada   Sofía   Sr. Ramírez

3. _____

_____

_____

_____

Sr. García   Margarita

Repaso

Conjugated verb followed by an infinitive

Me gusta bailar mucho.
Necesito estudiar.
Elena acaba de practicar el español.

Lucy desea viajar.
Enrique quisiera viajar también.

I. **¿Qué pasa?** *(What's going on?)* On the basis of the drawings, indicate what Roberto has just finished doing.

MODELO: *Roberto acaba de escuchar música.*

1. _____

_____

2. _____

_____

3. _____

_____

4. _____

_____

5. _____

_____

6. _____

_____

J. **¿Y Uds. también?** Indicate that you and your friends want to continue the activities that Roberto has just finished in the previous exercise.

MODELO: *Nosotros deseamos escuchar música también.*

1. _____

2. _____

3. _____

4. _____

5. _____

6. _____

K. **¿Te gusta?** Indicate whether you do or do not like to participate in the following activities.

MODELO: viajar

Sí, me gusta viajar.

o: *No, no me gusta viajar.*

1. mirar la televisión _____

2. ganar mucho dinero _____

3. estudiar _____

4. bailar _____

5. tocar el violín _____

L. **Jaime desea...** On the basis of the drawings, indicate what each of the persons mentioned wants or doesn't want to do.

MODELO: *Jaime desea hablar.*

1. Lourdes _____

2. Raquel _____

3. Alberto _____

4. Carmencita _____

M. **Quisiera, pero necesito practicar.** Marcos would like to do several things, but first he needs to do some other things. Using the verbs listed below, have Marcos state what he would like to do, and then have his friend Felipe tell him what he needs to do.

MODELO: hablar español / practicar

Marcos: *Yo quisiera hablar español.*

Felipe: *Tú necesitas practicar.*

1. mirar la TV / estudiar

    Marcos: _____

    Felipe: _____

2. viajar a Sudamérica / ganar mucho dinero

    Marcos: _____

    Felipe: _____

3. bailar / escuchar música

    Marcos: _____

    Felipe: _____

4. tocar la guitarra / practicar mucho

    Marcos: _____

    Felipe: _____

5. ganar mucho dinero / trabajar todos los días

    Marcos: _____

    Felipe: _____

CAPÍTULO TRES

¿TE GUSTA LA COMIDA MEXICANA?

Vocabulario

Para charlar _____

Para comentar sobre la comida

¡Qué bueno(a)!   ¡Es delicioso(a)!
¡Qué comida más rica!   ¡Es riquísimo(a)!
¡Qué picante!

Temas y contextos _____

Las nacionalidades

alemán (alemana)
argentino(a)
boliviano(a)
canadiense
chileno(a)
chino(a)
colombiano(a)
costarricense
cubano(a)
dominicano(a)
ecuatoriano(a)
español(a)
estadounidense
francés (francesa)
guatemalteco(a)
hondureño(a)
inglés (inglesa)
italiano(a)
japonés (japonesa)
mexicano(a)
nicaragüense
norteamericano(a)
panameño(a)
paraguayo(a)
peruano(a)
puertorriqueño(a)
ruso(a)
salvadoreño(a)

uruguayo(a)
venezolano(a)

Las profesiones

un(a) abogado(a)
un(a) contador(a)
un(a) dentista
un(a) enfermero(a)
un(a) estudiante
un hombre (una mujer) de negocios
un(a) ingeniero(a)
un(a) médico(a)
un(a) periodista
un(a) profesor(a)
un(a) secretario(a)

La comida mexicana

arroz
carne
chile
una enchilada
flan
unos frijoles
una hamburguesa
pollo
salsa
un taco
una tortilla

Los países

Alemania
Argentina
Bolivia
Canadá
Chile
China
Colombia
Costa Rica
Cuba
Ecuador
El Salvador
España
Estados Unidos
Francia
Guatemala
Honduras
Inglaterra
Italia
Japón
México
Nicaragua
Panamá
Paraguay
Perú
Puerto Rico
La República Dominicana
Rusia
Uruguay
Venezuela

Vocabulario general _____

Verbos   *Otras palabras y expresiones*

ser   Allí está…   ésta   ¿Qué es?
                                 Aquí hay otro(a)…   ¡Mira!   ¿Qué van a pedir?
                                 ¿De dónde es (eres)? ser de   ¿quién?

PRIMERA ETAPA

A. **¡Leamos!** Ask your teacher what the current exchange rate for American dollars is in Mexico (or look in a newspaper or call a bank). When you read the price list from the menu below, calculate how much each item would cost in American dollars.

Foods	Mexican pesos	American dollars

Repaso

The verb **ser**

yo	**soy**	nosotros(as)	**somos**
tú	**eres**	vosotros(as)	**sois**
él		ellos	
ella	} **es**	ellas	} **son**
Ud.		Uds.	

B. **¿De dónde son?** Tell where each of the following people is from by completing the sentence with the appropriate form of **ser**.

1. Tomás _____ de España.

2. Heidi y Kurt _____ de Alemania.

3. Yo _____ de los Estados Unidos.

4. Uds. _____ de Inglaterra, ¿no?

5. Tú _____ de China, ¿verdad?

6. Nosotros _____ de Rusia.

C. **¿Es ella de México?** Using the information in parentheses, answer the questions about where each person comes from.

MODELO: ¿Es Héctor del Perú? (Bolivia)

No, él no es del Perú. Él es de Bolivia. _____

1. ¿Es Carmelita de la Argentina? (Chile) _____

_____

2. ¿Es Vicente de El Salvador? (Panamá) _____

_____

3. ¿Es Mercedes de Colombia? (Venezuela) _____

_____

4. ¿Es Lucía de Paraguay? (Uruguay) _____

_____

5. ¿Es Carlos de Honduras? (Nicaragua) _____

_____

6. ¿Es Francisco de Guatemala? (Costa Rica) _____

_____

D. **Los países de Sudamérica y Centroamérica** Look at the map on the next page. Write the name of each Spanish-speaking country on the appropriate line. If necessary, look at the map on page 53 of the textbook for help.

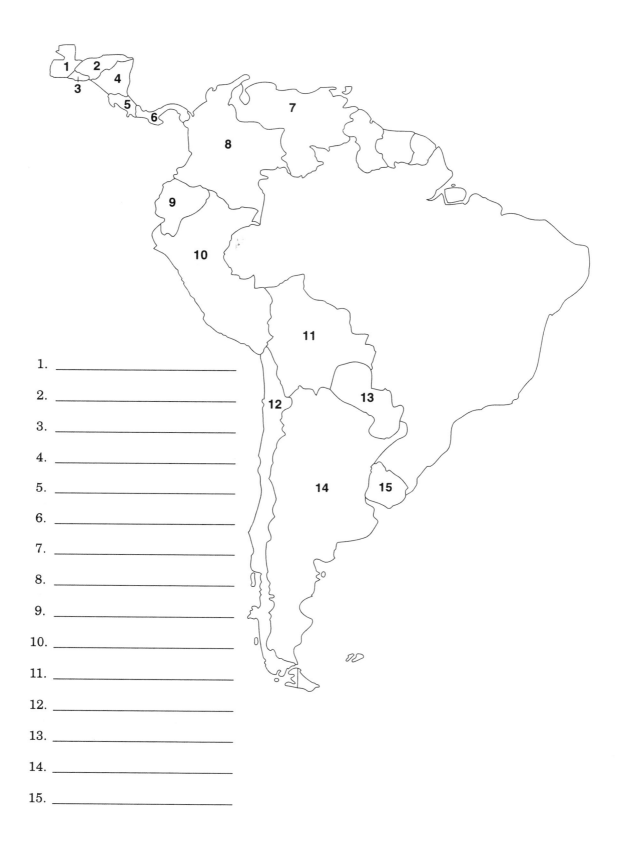

1. _____

2. _____

3. _____

4. _____

5. _____

6. _____

7. _____

8. _____

9. _____

10. _____

11. _____

12. _____

13. _____

14. _____

15. _____

SEGUNDA ETAPA

E. **¡Leamos!** Compare the two menus below. Which is from Spain and which is from Mexico? Do they share some similar items? If so, list them. Have you ever eaten any of these foods? If so, write them down.

❑ Spain   ❑ Mexico   ❑ Spain   ❑ Mexico

SERVICIO A LA CARTA

Quesadillas	12,8
Enchiladas de pollo verdes o coloradas	26,8
Tostadas de pollo..............................	26,8
Pollo frito con papas	38,0
Guacamole	13,2
Tacos sudados (3).............................	11,6
Tacos de pollo con guacamole (3)	26,8
Tacos de carne deshebrada con salsa borracha (3)	26,8
Chiles rellenos de picadillo y de queso..	36,0
Frijoles de la olla o refritos.................	7,2
Café de la olla..................................	5,0
Aguas frescas (vaso)	5,0
Jarra de agua fresca.........................	30,4

RESTAVRANTE ANTIGVA CASA SOBRINO DE BOTÍN (1725)
TELÉFONO 2664817
28005 MADRID·
CVCHILLEROS, 17

SOPAS

Sopa al cuarto de hora (de pescados y mariscos)	995
Sopa de ajo con huevo	390
Caldo de ave	330
Gazpacho campero	475

HUEVOS

Huevos revueltos con salmón ahumado	790
Huevos revueltos con champiñón .	430
Huevos a la flamenca	430
Tortilla con gambas	430
Tortilla con jamón	840
Tortilla con chorizo...........	430
Tortilla con espárragos.........	430
Tortilla con escabeche.........	430

ASADOS Y PARRILLAS

Pollo asado 1/2.................	
Pollo en cacerola 1/2..........	580
Filete de ternera con patatas...1.365	760

Shared items

_____

_____

_____

_____

_____

_____

Foods I've eaten

_____

_____

_____

_____

_____

_____

F. **¿Comen algo?** Identify the foods that people are eating in the drawings below. Then indicate if the food is typically Spanish or Mexican.

MODELO: *Jacinto come tapas. Son de España.*

Jacinto

Jim y Dave

1. _____
   _____
   _____

2. _____
   _____
   _____

Esperanza y Mariluz

Los Sres. Suárez

3. _____
   _____
   _____

G. **¡Qué bueno!** What exclamations would be appropriate for each of the scenes below? Use as many exclamations as you can for each situation.

1. _____

_____

_____

_____

2. _____

_____

_____

_____

3. _____

_____

_____

_____

Repaso

Adjectives of nationality

	singular	plural	singular	plural
masculine	**peruano**	**peruanos**	**español**	**españoles**
feminine	**peruana**	**peruanas**	**española**	**españolas**
masculine	**estadounidense**	**estadounidenses**		
feminine	**estadounidense**	**estadounidenses**		

H. **¡Claro!** *(Of course!)* All of the following people are natives of the country in which they live. Make the logical deduction on the basis of the information given.

MODELO: Herbert es de Londres.
   ¡Claro! Él es inglés.

1. María es de Roma.

   _____

2. Gerta y Eva son de Munich.

   _____

3. Pierre es de París.

   _____

4. Yoko es de Tokio.

   _____

5. Nicolás y Olga son de Moscú.

   _____

6. Benjamín y Daniel son de Los Ángeles.

   _____

Repaso

Names of professions

m.	**abogado**	**contador**	**dentista**	**ingeniero**
f.	**abogada**	**contadora**	**dentista**	**ingeniera**
m.	**enfermero**	**estudiante**	**un hombre de negocios**	**secretario**
f.	**enfermera**	**estudiante**	**una mujer de negocios**	**secretaria**
m.	**médico**	**periodista**	**profesor**	
f.	**médica**	**periodista**	**profesora**	

I. **Yo soy abogado.** Indicate the correct profession for each of the following people.

MODELO: El Sr. Robles es abogado, ¿verdad? (secretario[a])
   No, él no es abogado, él es secretario.

1. El Sr. Romero es periodista, ¿verdad? (médico[a])

   _____

2. La Sra. Martínez es ingeniera, ¿verdad? (profesor[a])

   _____

3. Tú eres periodista, ¿verdad? (estudiante)

   _____

4. María es dentista, ¿verdad? (abogado[a])

   _____

5. El Sr. López y la Sra. Suárez son contadores, ¿verdad? (secretario[a])

   _____

6. José es médico ¿verdad? (enfermero[a])

   _____

7. La Sra. Lagos y la Srta. Mendoza son profesoras, ¿verdad? (ingeniero[a])

   _____

J. **Yo soy estudiante y...** Use the following verbs and expressions to write seven sentences about yourself. Use any of the following terms no more than once: **me gusta, acabo de, necesito, deseo, yo quisiera, bailar, cantar, comer, trabajar, viajar, hablar español, practicar, escuchar música, mirar la tele, tocar la guitarra, ser.**

1. _____
2. _____
3. _____
4. _____
5. _____
6. _____
7. _____

¿Quién soy yo?

A. **Aquí está mi tarjeta** *(card)*. Business cards can give you a lot of information about a person. Place a check next to each of the items that can be found on the cards shown.

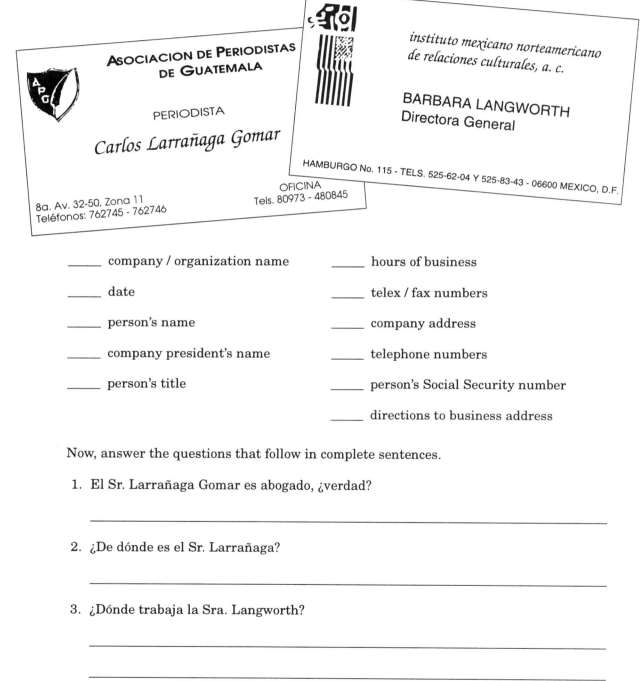

_____ company / organization name

_____ date

_____ person's name

_____ company president's name

_____ person's title

_____ hours of business

_____ telex / fax numbers

_____ company address

_____ telephone numbers

_____ person's Social Security number

_____ directions to business address

Now, answer the questions that follow in complete sentences.

1. El Sr. Larrañaga Gomar es abogado, ¿verdad?

   _____

2. ¿De dónde es el Sr. Larrañaga?

   _____

3. ¿Dónde trabaja la Sra. Langworth?

   _____

   _____

B. **Ud., el (la) profesional** First complete the business cards provided below by filling in the information required. Where a specific answer isn't required, you can decide who you want to write in. Then design two business cards for yourself: one showing where you are now and what you're doing, and another showing where and what you hope to be twenty years from now. Don't forget to include on your cards all the kinds of information found on the cards in Ex. A. Include graphics or symbols if you choose; don't be afraid to use your imagination and be creative!

Dan Rather

_____

CBS Nightly News
Columbia Broadcasting System

524 W. 57th Street
New York, NY 10019
212-975-4321

Presidente de los Estados Unidos

La Casa Blanca
1600 Pennsylvania Avenue

_____ 20500

202-456-1414

Profesor(a)

_____

_____

_____

_____

C. **¡Entrevista!** *(Interview!)* You want to write an article for your school newspaper about your new neighbor who just moved to the U.S. from South America. What would you ask him or her? Write down five questions you would like to ask. Possible topics include nationality, profession, favorite activities, kinds of food he or she likes, etc.

Entrevista con: _____

Preguntas:

1. _____

_____

2. _____

_____

3. _____

_____

4. _____

_____

5. _____

_____

D. **Buscapalabras** *(Word search)* How many Spanish words for food items can you find in the letters that follow? (Hint: There are 16 total!)

T	W	E	N	R	A	C	Q	C	I	L	S	O	N	E	B	P
K	M	U	P	O	L	L	O	A	N	S	T	O	L	R	H	G
N	R	O	Q	U	L	U	P	L	I	C	M	I	D	E	F	O
S	A	N	U	T	I	E	C	A	C	A	H	U	E	T	E	S
O	S	P	E	A	T	R	N	M	J	C	U	O	M	K	J	N
P	L	I	S	U	R	T	N	A	S	S	I	O	R	C	H	T
H	A	T	O	B	O	V	G	R	L	F	Z	I	E	I	Q	A
R	S	S	I	M	T	A	S	E	R	F	A	R	R	O	Z	C
O	I	P	A	T	A	T	A	S	B	R	A	V	A	S	L	O

¡Vamos a conocernos!

Planning Strategy

Your new friend, the Spanish exchange student, is having difficulty with her English. Answer her questions about how to get acquainted with people.

1. People are always asking me whether I like certain things and activities. I'd like to be able to do more than just say yes or no. How do I express different degrees of liking or disliking?

   _____

   _____

   _____

2. What words and expressions do I need to tell someone about the makeup of my family?

   _____

   _____

   _____

3. What words do I need to begin to ask people questions?

   _____

   _____

   _____

4. What are some different ways of asking people about their possessions?

   _____

   _____

   _____

CAPÍTULO CUATRO

¿DE QUIÉN ES?

Vocabulario

Para charlar

Para expresar posesión

¿De quién es… ?
¿De quién son… ?
Es de…
Son de…
mi(s)
tu(s)
su(s)
nuestro(s)
nuestra(s)

Temas y contextos

En la escuela	*En mi cuarto*	*Los medios de transporte*	*Las viviendas*
un(a) alumno(a)	una alfombra	un autobús	un apartamento
un bolígrafo	una cama	una bicicleta (una bici)	una casa
una bolsa	una cámara	un carro	un cuarto
un borrador	una cartera	un coche	
una calculadora	una cinta	una motocicleta (una moto)	
un cuaderno	una cómoda		
un lápiz	una computadora		
un libro	un disco compacto		
una mochila	un escritorio		
una pluma	un estante		
un portafolio	un estéreo		
un sacapuntas	una grabadora		
	una llave		
	una máquina de escribir		
	una planta		
	un póster		
	un radio despertador		
	una silla		
	un televisor (a colores)		
	un vídeo		

Vocabulario general

Definite articles	*Verbos*	*Otras palabras y expresiones*
el	llevar	allí
la		¿Cuántos hay?
los		¿Dónde hay?
las		Me llamo…
		Para ir al centro, voy en…
		¿Qué llevas tú a la escuela?
		Vivo en…

PRIMERA ETAPA

A. **¡Leamos!** A Spanish student, Rodolfo Espinoza, explains what he usually takes **(llevar)** to school with him. Read his description, then circle each of the items that you also bring to school with you.

Yo siempre llevo una mochila con... adentro (inside).
- *unos libros*
- *unos cuadernos*
- *unos lápices, un borrador y un sacapuntas*
- *unos bolígrafos*
- *una calculadora*

Now add to the list items that you bring to school but that Rodolfo does not.

_____

_____

_____

B. **Jorge y Cristina** Identify the objects in the drawings that belong to Jorge and Cristina.

Jorge:

1. _____ 4. _____

2. _____ 5. _____

3. _____ 6. _____

Cristina:

7. _____

10. _____

8. _____

11. _____

9. _____

12. _____

Repaso

The definite articles **el, la, los, las**

el libro	**los** libros
la mochila	**las** mochilas

C. **¿Qué necesito?** Andrés is ready to leave for school, but he has forgotten some of his supplies. Get his attention and remind him that he needs each of the following items.

MODELO: mochila

Andrés, ¡la mochila!

1. bolígrafos

_____

2. cartera

_____

3. calculadora

_____

4. llaves

_____

5. lápiz

_____

6. cuadernos

_____

7. libro

_____

8. plumas

_____

Repaso

Expressing possession with **de**

el libro **de Juan**
¿De quién es el libro?
¿De quién son los libros?

D. **¿De quién es?** You have found the following items and you want to find the owners. First ask whose the item is, then answer the question according to the cue.

MODELO: la cartera / Ana

¿De quién es la cartera?

Es la cartera de Ana.

1. la calculadora / la Dra. Romero

_____

_____

2. las llaves / Esteban

_____

_____

3. el sacapuntas / el estudiante

_____

_____

4. el refresco / Emilia

_____

_____

5. los cuadernos / los profesores

_____

_____

E. **Para...** *(In order to...)* First, indicate what school supplies you bring to school (books, pencils, etc.) and what supplies you don't bring.

1. Para ir al colegio, llevo _un libro, unas plumas,_ _____

_____

2. No llevo _____

_____

Now indicate what you usually need in order to do your Spanish homework (book, notebook, pencil, etc.)

3. Para mi tarea *(homework)* de español, necesito _____

_____

SEGUNDA ETAPA

F. **¡Leamos!** Read the following ads for furniture, then answer the questions that follow.

UTIL MESA PARA TV., VCR., MICROONDA Y HASTA PARA LA IMPRESORA DE SU COMPUTADORA
Perfecta para su TV, accesorios de computadoras, VCR, o equipo stereo. 23 1/2" de ancho x 30 3/8" de alto. Con tope terminado en Herculex. (Herculex es un laminado resistente a las ralladuras, manchas y calor).
Modelo 149
Regular 49.99

SU SELECCION
$41

VERSATIL CENTRO DE ENTRETENIMIENTO
Con espacio para acomodar su TV., componente o VCR.
Regular 49.99

KERO
MESA PARA LA MAQUINILLA
Hecha en metal resistente
Viene con ruedas
Regular 39.99
$29

GM
ESCRITORIO SENCILLO
En metal con tope en madera. Perfecto para el estudiante con muchas asignaciones.
Regular 129.99
$99

1. Which piece of furniture has the greatest number of uses?

_____

2. Which piece(s) of furniture is (are) made of metal?

_____

3. Which piece(s) is (are) "perfect" for a student?

_____

4. Based on the content and drawings in the ads, what do you think the word **mesa** means? The word **entretenimiento?**

_____

G. **Hay...** Look at the drawings of Juanita's and Jorge's rooms. First, list at least eight objects that you see in Juanita's room.

1. En el cuarto de Juanita, hay _un radio despertador,_ _____

_____

_____

Now list at least five items in Jorge's room that are not found in Juanita's.

2. En el cuarto de Jorge, hay _____

_____

_____

Repaso

The numbers from 0 to 20

0 **cero**	6 **seis**	12 **doce**	18 **dieciocho**
1 **uno**	7 **siete**	13 **trece**	19 **diecinueve**
2 **dos**	8 **ocho**	14 **catorce**	20 **veinte**
3 **tres**	9 **nueve**	15 **quince**	
4 **cuatro**	10 **diez**	16 **dieciséis**	
5 **cinco**	11 **once**	17 **diecisiete**	

H. **Un hotel** As a weekend employee in a hotel, it is your job to determine what items the manager needs to replace. Complete the list according to the cues below.

camas / 12   sillas / 15
cómodas / 9   radio despertadores / 8
alfombras / 7   grabadoras / 3
estantes / 20   máquinas de escribir / 2

Hotel La Embajada

Necesitamos siete televisores.

_____

_____

_____

_____

_____

_____

_____

_____

_____

_____

Repaso

Hay + noun

Hay un libro en mi cuarto.
Hay unos libros en mi cuarto.

I. **¡Mira!** Your brother or sister has been using your room and leaving it a mess. Tell him or her what you don't like about the condition of the room.

MODELO: libro / cama

Hay un libro en la cama.

1. discos compactos / alfombra

_____

2. cámara / máquina de escribir

_____

3. cintas / silla

_____

4. radio despertador / escritorio

_____

J. **Mi cuarto** First, draw a picture of your room at home. _In Spanish,_ label the location of at least eight objects (bed, desk, posters, books, stereo, etc.).

┌─────────────────────────────────────┐
│   │
│   │
│   │
│   │
│   │
│   │
│   │
│   │
└─────────────────────────────────────┘

Now mention at least three things that you do not have in your room.

MODELO: _En mi cuarto no hay plantas._

_____

_____

_____

_____

_____

TERCERA ETAPA

K. **¡Leamos!** Read the following classified ads about cars and motorcycles for sale, then answer the questions that follow.

SE VENDE

Para anunciarse en esta sección, enviar su texto al Apartado 178 de Segovia. Esta SECCIÓN ES GRATUITA. Un anuncio sólo se inserta en un número, para repetirlo, se deberá remitir de nuevo.

PARTICULAR vende Seat 131-1430E. Teléfono 434736, de 5 a 8.

VENDO Seat 600E en buen uso. Teléfono 430789.

VENDO moto Ducati 500 Twin, cuidada, buen precio. Teléfono 436349.

VENDO máquina de hacer punto Passap Rosa Duomátic. Bicicleta de paseo Super Cil. Cocina de 3 fuegos y horno, Orbegozo. Vespa en muy buen estado, 160 c.c. Citroen GS Break, buen estado Tel. 431537.

SE VENDE moto Sanglas 400 c.c., muy cuidada. Teléfono 436618.

SE VENDEN BMW 528 inyección, Alfa Romeo, Mercedes 300 turbo diesel, Renault 12 TS familiar, Citroen Visa Super E, Matra-Simca 2000. Teléfono 435539.

SE VENDE Seat 850 D Especial Lujo, Ronda Diesel CLX, Seat 132 1800, Land Rover corto, Seat 131. Teléfono 435539.

SE VENDE moto Derbi todo terreno, 75 c.c. Tel. 432897.

1. What motorcycles are offered for sale?

   _____

2. The **Seat** is a car made in Spain. Which models are advertised?

   _____

3. What other makes and models of cars are advertised?

   _____

4. Which **moto** is being sold at a good price?

   _____

5. Which car is in good shape?

   _____

L. **Yo quisiera...** Look at the following drawings of people and their possessions and indicate, by naming the owner, which items you would prefer to have.

   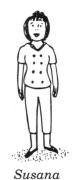

Pedro   Susana

MODELO: *Yo quisiera la grabadora de Pedro.*

1. _____

2. _____

3. _____

4. _____

Repaso

Possessive adjectives — first and second persons

masc. sing.	fem. sing.	masc. pl.	fem. pl.
mi	**mi**	**mis**	**mis**
tu	**tu**	**tus**	**tus**
su	**su**	**sus**	**sus**
nuestro	**nuestra**	**nuestros**	**nuestras**

M. **¿De quién son?** El Capitán *(Captain)* Ramírez is trying to return items that have been turned in to the police. Answer his questions, telling him that each item is yours.

MODELO: ¿De quién es la grabadora?

Es mi grabadora.

1. ¿De quién son las llaves?

_____

2. ¿De quién es la bicicleta?

_____

3. ¿De quién son las cintas?

_____

4. ¿De quién es el televisor a colores?

_____

Your parents have just joined you, so you should now answer that the following items belong to your family.

MODELO: ¿Es su coche?

Sí, es nuestro coche.

5. ¿Es su motocicleta?

_____

6. ¿Son sus alfombras?

_____

7. ¿Es su televisor?

_____

8. ¿Son sus cámaras?

_____

N. **El inventario** *(The inventory)* Complete the following conversations by using the appropriate form of **mi, tu, su,** or **nuestro.**

1. *As you leave for school, your mother is checking on whether you have everything you need:*

   TU MADRE: ¿Necesitas _tu_ mochila? ¿ _____ libros? ¿ _____ llave? ¿ _____

   cuaderno? ¿ _____ plumas?

   TÚ: Sí, y también necesito _____ calculadora. ¿Dónde están _____ bolí-

   grafos y _____ lápiz?

2. *You and your brother or sister share a room. You are showing the room to a friend of yours:*

   UDS.: Aquí está _____ cuarto. Allí están _____ camas y allí

   está _____ computadora.

   SU AMIGO(A): ¿Son _____ discos compactos? ¿Es _____ estéreo? ¿Es _____ graba-

   dora?

O. **Pequeñas** *(Little)* **conversaciones** Complete the exchanges with the appropriate article or possessive adjective.

1. *Alberto is asking his teacher about supplies that he will need:*

   ALBERTO: ¿Necesito _____ bolígrafos?

   EL SR. ÁLVAREZ: Sí, y necesitas _____ calculadora también.

2. *Alberto, Raimundo, and Rosa are looking at Raimundo's house:*

   RAIMUNDO: Aquí está _____ casa.

   ROSA: Yo no vivo en una casa. Vivimos en _____ apartamento.

   ALBERTO: Raimundo, me gusta _____ casa. Es muy bonita *(pretty)*.

3. *Rosa has found a set of keys:*

   ROSA: Alberto y Mariana, ¿son _____ llaves?

   MARIANA: Sí, son _____ llaves.

4. *Alberto is looking at his friend Rosa's stereo:*

   ALBERTO: Rosa, es _____ estéreo, ¿verdad?

   ROSA: Sí, y son _____ discos compactos también.

5. *Rosa is trying to find out whose camera this is:*

   ROSA: ¿De quién es la cámara?

   ALBERTO: Raimundo, es _____ cámara, ¿no?

   RAIMUNDO: Sí, es _____ cámara.

6. *Raimundo is showing Rosa his tape player:*

   RAIMUNDO: Rosa, ¿deseas ver _____ grabadora?

   ROSA: Sí, gracias. Y también quisiera escuchar _____ cintas.

CAPÍTULO CINCO

ME GUSTA MUCHO...

Vocabulario

Temas y contextos

Los animales
un gato
un pájaro
un perro

El arte
la escultura
la pintura

Las ciencias
la biología
la química

Los deportes
el básquetbol
el béisbol
el fútbol
el fútbol americano
el tenis
el vólibol

La música
el jazz
la música clásica
la música rock

Las películas
cómicas
de aventura
de ciencia ficción
de horror

Vocabulario general

Verbos
aprender
beber
compartir
comprender
correr
escribir
leer
recibir
vender
vivir

Otras palabras y expresiones
¡Claro!
Me gusta más...
las lenguas
la naturaleza
una novia
un novio
la política
¿Qué te gusta más?

PRIMERA ETAPA

A. **¡Leamos!** Read the following report card, then answer the questions that follow in English.

BOLETIN DE CALIFICACIONES PERTENECIENTE A *Liliana Feuerstein* GRADO: **5°** SECCION: **B** TURNO: *compl.*

BIMESTRE	AREAS FORMATIVAS									APRECIACION PERSONAL						CONTROL DE ASISTENCIA			FIRMAS		
	LENGUA	MATEMATICA	CIENCIAS DE LA NATURALEZA	ESTUDIOS SOCIALES	ACTIVIDADES PRACTICAS	EDUCACION PLASTICA	EDUCACION MUSICAL	EDUCACION FISICA	IDIOMA EXTRANJERO	COLABORACION	RESPONSABILIDAD	CONPORTAMIENTO EN LA ESCUELA	ASEO Y PRESENTACION	SE DESTACA EN	TIENE DIFICULTADES EN	ASISTENCIAS	INASISTENCIAS	LLEGADAS TARDES	MAESTRO	DIRECTOR	PADRE, TUTOR O ENCARGADO
1o.	MB	MB	MB	MB	MB	MB	MB	MB	MB	MB	MB	MB	MB	Lectura y Redacción	—	39	–	1			
2o.	MB	S	MB	MB	MB	S	S	MB	MB	MB	MB	MB	MB	Lengua	—	42	3				
3o.	MB	S	MB	MB	MB	S	S	S	MB	MB	MB	MB	MB	Matemát. Lengua	—	42	3	–			
4o.	MB	S	S	S	S	S	S	S	MB	MB	MB	MB	MB	—	—	42	2	1			

NOTA: Escala conceptual: S. sobresaliente; MB. muy bueno; B. bueno; R. regular; I. insuficiente.

Sínte is Anual *Excelente alumna. Felicitaciones!*
Promovido a *sexto grado.*
Firma y Sello del Director

Este boletín informa sobre el progreso del alumno, teniendo en cuenta el grado de madurez y ritmo de aprendizaje en las distintas áreas del curriculum así como también la formación de sus hábitos, habilidades y actitudes valorativas dentro del ámbito escolar y sus intereses particulares para las distintas actividades.

Actividades prácticas are the laboratory portions of science, language, art, or music courses. Examples of **educación plástica** are painting and sculpture.

1. In what grade is the student? _____

2. In the second **bimestre** *(2-month period),* in what classes did Liliana excel? (There are three.) _____

   What is her best *academic* subject? _____

3. Write down the name of at least one class Liliana took that you did not take when you were her age. _____

B. **¡Las categorías!** Reorganize the following list by putting each noun in one of the appropriate categories that follow. Some nouns may fit in more than one of the categories.

el fútbol	las matemáticas	la química
las lenguas	las ciencias	el tenis
el español	la música	la historia
la literatura	la ópera	la biología

1. los deportes y las actividades_____

_____

2. las artes_____

_____

3. las asignaturas *(school subjects)* _____

_____

Repaso

The verb **gustar**

Me gusta la cinta.　　　　**Me gustan las cintas.**
Te gusta la cinta.　　　　**Te gustan las cintas.**

C. **¿Qué te gusta?** Look at the following pairs of drawings and indicate which of the two you like.

MODELO:　*Me gustan las cintas.*

1._____　　2. _____

3._____　　4. _____

D. **Me gusta...** Think of two items in each of the following categories and indicate your attitude toward them.

MODELO: las asignaturas: *historia, ciencias*

Me gusta la historia, pero no me gustan las ciencias.

1. las bebidas _____

_____

2. los deportes y las actividades _____

_____

3. las artes _____

_____

4. las asignaturas _____

_____

E. **Entrevista** *(Interview)* Carlota, a student from Argentina, will be attending your school for the semester. As a reporter for the school newspaper, ask her about her interests. Use the cues and follow the model to give both your question and her response.

MODELO: ciencias / historia

¿Te gustan las ciencias?

Sí, me gustan las ciencias, pero no me gusta la historia.

1. naturaleza / animales

_____

_____

2. arte / deportes

_____

_____

3. música rock / escuchar la música clásica

_____

_____

4. tomar refrescos / limonada

_____

_____

5. comer cacahuetes / calamares

_____

_____

Repaso ————————————————————————————————

Ser + de for possession

El libro **es de Juan.**   Los lápices **son de él.**
La calculadora **es de María.**   Las mochilas **son de ella.**

F. **Yo sé** _(I know)_ **de quién es.** You have a good memory, so you find it easy to identify the owners of the following items.

MODELO: la computadora / Enrique

Es la computadora de Enrique.

1. el bocadillo / Susana

_____

2. las grabadoras / la profesora

_____

3. las llaves / los Sres. Santillana

_____

4. el sacapuntas / Gil

_____

5. la cartera / Inés

_____

6. los bolígrafos / Luz

_____

G. **Mis gustos** Look at the following pairs of drawings and indicate which of the two items pictured in each you like better.

Pedro

Miguel

MODELO: *Me gusta más el coche de Pedro.*

Anita

Elena

1. _____

Esperanza

León

2. _____

Juan

Tina

3. _____

Alberto

Érica

4. _____

SEGUNDA ETAPA

H. **¡En la variedad está el gusto!** *(Variety is the spice of life!)* Identify the items pictured in the following general categories.

Las películas

MODELO: *la película cómica*

1. _____   2. _____   3. _____

_____   _____   _____

El arte

4. _____   5. _____

Los animales

6. _____   7. _____   8. _____

Los deportes

9. _____   10. _____   11. _____

_____   _____   _____

12. _____   13. _____

_____   _____

La música

14. _____   15. _____   16. _____

_____   _____   _____

Repaso

-er and **-ir** verbs

Subject	Ending	**correr**	**vivir**
yo	**-o**	corr**o**	viv**o**
tú	**-es**	corr**es**	viv**es**
él ella Ud. }	**-e**	corr**e**	viv**e**
nosotros(as)	**-emos / -imos**	corr**emos**	viv**imos**
vosotros(as)	**-éis / -ís**	corr**éis**	viv**ís**
ellos ellas Uds. }	**-en**	corr**en**	viv**en**

I. Change the infinitives to the appropriate form and write the complete sentence.

MODELO: Yo / comer / en el café

Yo como en el café.

1. Yo / beber / limonada / en la cafetería

_____

2. Yo / vivir / en un apartamento

_____

3. Tú / aprender / español

_____

4. Tú / escribir / mucho / en inglés

_____

5. Él / leer / el libro de Paquita

_____

6. Ella / compartir / sus discos compactos

_____

7. Ud. / comprender / bien las matemáticas

_____

8. Nosotras / vender / nuestras bicicletas

_____

9. Nosotros / vivir / en los Estados Unidos

_____

10. Ellos / correr / todos los días

_____

11. Ellas / recibir / muchas cartas *(letters)*

_____

12. Uds. / compartir / sus cintas

_____

13. Vosotros / vivir / en la casa grande / ¿no?

_____

14. Vosotras / vender / el coche

_____

J. **Algunas preguntas** Answer the following questions affirmatively.

MODELO: ¿Escribes en inglés?

Sí, yo escribo en inglés.

1. ¿Viven ellos en una casa?

_____

2. ¿Aprenden Uds. español?

_____

3. ¿Lee ella un libro en su cuarto?

_____

4. ¿Bebe Ud. muchos refrescos?

_____

5. ¿Vende Juan su grabadora?

_____

6. ¿Compartes tu bicicleta?

_____

7. ¿Escribe Miguel muchas cartas?

_____

K. **¿Qué hacen?** *(What are they doing?)* Look at the following drawings and indicate what each person is doing.

MODELO: *La Sra. Monteros escribe.*

la Sra. Monteros

Juan

Teresa

1. _____   2. _____

los Sres. Ramos

Francisco

3. _____

_____

4. _____

_____

Rogelio y Laura

5. _____

_____

L. **Una carta** *(A letter)* You are writing to your pen pal Rosa in Barcelona, Spain. She understands English, but you want to impress her with your Spanish. Tell your friend as much as you can about yourself, your house, your room, your school, your likes and dislikes. You can use expressions of greeting and farewell for starting and ending your letter.

ATAJO

Querida Rosa,

Un abrazo

CAPÍTULO SEIS

¡ÉSTA ES MI FAMILIA!

Vocabulario

Para charlar

Para preguntar

¿Cómo es? / ¿Cómo son?
¿Cuántas?
¿Cuántos?
¿Dónde?
¿Por qué?
¿Qué?
¿Quién?

Temas y contextos

La familia

una abuela	un hijo
un abuelo	una madre
una esposa	un padre
un esposo	una prima
una hermana	un primo
un hermano	una tía
una hija	un tío

Vocabulario general

Adjetivos

aburrido(a)	divertido(a)	moreno(a)
alto(a)	feo(a)	pelirrojo(a)
antipático(a)	gordo(a)	pequeño(a)
bajo(a)	guapo(a)	rubio(a)
bonito(a)	inteligente	serio(a)
bueno(a)	interesante	simpático(a)
delgado(a)	malo(a)	tonto(a)

Sustantivos	*Verbos*	*Otras expresiones*
un apellido	tener	cada domingo
una ciudad	tener que	Está casado(a) con…
un nombre		Se llama…
unas personas		

PRIMERA ETAPA

A. **¡Leamos!** When family members die, relatives often place a notice in the newspaper honoring their memories. Read this notice, then answer the questions that follow.

DON JUAN JOSE VILLEGAS LOZANO

DOCTOR INGENIERO DEL ICAI
FUNDADOR Y CONSEJERO DE LINGOTES ESPECIALES, S.A.

FALLECIDO EN MADRID EN ACCIDENTE DE CIRCULACION
EL DIA 22 DE ABRIL DE 1996
D. E. P.

Su esposa, Fuencisla Mendoza de Arroquia; hijos, Fuencisla, Juan José, Aurelio, María, Pablo y Sofía; sus nietas Conchita y Celia; hermanos, Sofía, Filiberto y Eusebio; primos, sobrinos y demás familia

RUEGAN una oración por su alma.

1. Did Juan José Villegas Lozano have any sisters? If so, what is (are) her (their) name(s)?

   _____

   _____

2. Don Juan José had two relatives named Fuencisla. How are they related to him? Is Fuencisla a masculine or feminine name?

   _____

   _____

   _____

3. How are Filiberto and Eusebio related to don Juan José?

   _____

   _____

B. **La familia de Gilberto** Identify the following members of Gilberto's family in the spaces provided below their names.

C. **Tu familia** Answer the following questions about your family.

1. ¿Cuántas personas hay en tu familia?

_____

2. ¿Cómo te llamas?

_____

3. ¿Cómo se llama tu padre?

_____

4. ¿Cómo se llama tu madre?

_____

5. ¿Cuál es tu apellido?

_____

6. ¿Vives con tus abuelos?

_____

7. ¿Cómo se llaman tus abuelos?

_____

Repaso

The irregular verb **tener**

yo	**tengo**	nosotros(as)	**tenemos**
tú	**tienes**	vosotros(as)	**tenéis**
él		ellos	
ella	} **tiene**	ellas	} **tienen**
Ud.		Uds.	

D. **¿Qué tienen?** Complete the following sentences with the correct form of **tener**.

MODELO: Tomás _*tiene*_ ocho primos en México.

1. Mi abuela _____ quince libros en su escritorio.

2. Nosotras _____ nuestro estéreo en el estante.

3. Ellos _____ una computadora en su cuarto.

4. ¿ _____ Uds. patatas bravas y chorizo?

5. Yo no _____ mis cuadernos en mi mochila.

6. Mi padre _____ una calculadora en su portafolio.

7. Mis hermanos no _____ un radio despertador.

8. José Rodríguez Latorre _____ dos apellidos.

Repaso

tener que + infinitive

Yo **tengo que estudiar**. Él **tiene que escribir** la lección.

E. **¿Qué tienen que practicar?** Based on the drawings, indicate what these people need to do.

MODELO: *Pablo tiene que practicar el básquetbol.*

Pablo

Domingo

Cristina

1. _____   2. _____
   _____   _____

Arturo y Mario

Felipe

3. _____   4. _____
   _____   _____

F. **¿Qué tienen que estudiar?** Based on the drawings, indicate what the following people need to study.

David

Ester y Fernando

1. _____

_____

2. _____

_____

Sara

Mark

3. _____

_____

4. _____

_____

G. **Las vacaciones** Your family is about to leave on vacation, but first you want to make sure that everyone has what he or she needs. Use the appropriate form of **tener** to form your questions.

MODELO: las llaves / abuelo

¿Tiene el abuelo las llaves?

1. la cámara / Pablo

   _____

2. nuestros discos compactos / nosotros

   _____

3. unos libros / tú

   _____

4. mi grabadora / yo

   _____

5. sus bicicletas / mamá y papá

   _____

SEGUNDA ETAPA

H. **¡Leamos!** Read the description of his family given by Roberto Vargas. Draw a family tree based on the description, then answer the questions.

> Me llamo Roberto Vargas. Vivo con mi familia en Madrid, España. Mi padre se llama Emilio y es un hombre de negocios. Mi madre es profesora. Ella se llama Viviana. Vivimos en un apartamento. Hay cinco personas en mi familia. Mis padres trabajan y mis hermanas y yo estudiamos. Tengo dos hermanas. Mi hermana Elena lee mucho y le gusta estudiar. A mi hermana Marta le gusta tocar la guitarra. Mi tío Oscar, el hermano de mi padre, y su esposa Clara tienen dos hijos. Son mis primos y se llaman Andrés y Guillermo. Mi abuelo, el padre de mi madre, vive en Toledo con mi abuela. Se llaman Raúl y Luisa. Los padres de mi padre viven en Granada. Ellos se llaman Mateo y María.

1. Where does Roberto's family live?

_____

2. Which set of grandparents lives the closest to Roberto? (Refer to the map of Spain in your textbook.)

_____

3. Whose parents are Mateo and María?

_____

4. Whose brother is Oscar?

_____

Repaso

Information questions

¿Dónde... ?	**¿Quién... ?**	**¿Cómo... ?**
¿Cuántos... ?	**¿Qué... ?**	
¿Cuántas... ?	**¿Por qué... ?**	

I. **Tus preguntas** You are trying to get to know Ángel, a Spanish exchange student in your school. Here are the answers he has given to your questions. Write the questions that you asked.

MODELO: *¿Dónde vives?*

Vivo en Santander.

1. _____

Hay seis personas en mi familia.

2. _____

Tengo dos hermanas y un hermano.

3. _____

Se llaman María Josefa, Victoria y Fernando.

4. _____

Es mi hermano Fernando.

5. _____

Estudio matemáticas, inglés y literatura.

6. _____

Porque tengo un examen de matemáticas mañana.

7. _____

Tengo tres exámenes.

8. _____

Estudio en mi cuarto.

J. **Una entrevista** You have been chosen to interview the new Colombian exchange student at your school. Prepare questions in Spanish that you could ask in order to get the following information. Do not translate from English word for word. Instead, look for Spanish equivalents. Use the familiar **tú** form.

1. his or her name

   _____

2. where he or she lives

   _____

3. whether he or she lives in an apartment

   _____

4. how many brothers and sisters he or she has

   _____

5. what he or she is studying

   _____

6. if he or she likes sports

   _____

K. **Para continuar la conversación** (*To keep the conversation going*) You are talking with some friends. Whenever someone makes a statement, you take it upon yourself to keep the conversation going by asking a question. Use the question word in parentheses.

MODELO: Me gustan los gatos. (cuántos)

   ¿Cuántos gatos tienes?

1. Mis hermanos comparten un cuarto. (cuántos)

   _____

2. Mi abuelo no vive en Madrid. (dónde)

   _____

3. No me gusta nuestro perro. (por qué)

   _____

4. Un amigo vende su coche. (quién)

   _____

5. Lupe busca algo *(something)*. (qué)

_____

6. Tengo una bicicleta y una motocicleta. (por qué)

_____

7. Mi hermana está en casa *(at home)*. (dónde)

_____

8. Ellos compran muchas cosas *(things)*. (qué)

_____

9. La abogada lleva su portafolio. (por qué)

_____

Repaso

ser + adjective

Él **es alto.**	Juan y José **son altos.**
Ella **es alta.**	María y Carmen **son altas.**

L. **¡Al contrario!** *(Just the opposite!)* You are visiting with an uncle who hasn't kept up with the family for a number of years. Indicate that his observations are all wrong.

MODELO: Tu hermana es rubia, ¿verdad?

No. Es morena.

1. Tu padre es bajo, ¿verdad?

_____

2. Tu madre es morena, ¿verdad?

_____

3. Tus abuelos son antipáticos, ¿verdad?

_____

4. Tus primas son gordas, ¿verdad?

_____

5. Tu hermano es aburrido, ¿verdad?

_____

6. Tú eres serio(a), ¿verdad?

_____

7. Yo soy inteligente, ¿verdad?

_____

M. **Así son mis parientes.** *(My relatives are like that.)* Choose one of your relatives in each of the following categories. After giving a short description of that person (characteristics like personality, size, hair color), explain how he or she is related to you and tell a little bit about his or her life.

ATAJO

MODELO:　tío

Mi tío se llama Beltrán. Él es tonto y muy divertido. Es bajo,
rubio y no muy guapo. Es el hermano de mi madre. A él le
gustan la naturaleza y los animales. ¡Tiene doce gatos, siete
perros y catorce pájaros en su casa! Lee mucho y trabaja
mucho.

1. primo

_____

_____

_____

_____

2. tía

_____

_____

_____

_____

3. prima

_____

_____

_____

_____

_____

4. tío

_____

_____

_____

_____

_____

Permítame presentarme

Me llamo Joaquín Mendoza y soy chileno. Yo estudio las ciencias este año en Boston. Me gustan mucho las ciencias, en particular la química. Es mi primera visita a los Estados Unidos. Quisiera hablar muy bien el inglés y quisiera aprender mucho en el laboratorio. Deseo concocer a los norteamericanos también.

Vivo con una familia norteamericana. El padre es profesor de ciencias políticas en la Universidad de Boston y mi "madre norteamericana" es psicóloga. Ellos tienen un hijo y una hija. Viven en una casa grande. Tengo mi propio cuarto donde hay una grabadora y unas cintas mexicanas y norteamericanas. Me gusta muchísimo la música y cuando leo y estudio me gusta escuchar música clásica. Tengo muchos libros y una máquina de escribir. Miro muy poco la televisión. Boston es muy bonito y me gusta mucho.

Mi familia vive en Santiago, Chile. Tengo dos hermanos y una hermana. Mi padre es abogado y mi madre es periodista. Ellos viven en un apartamento grande. Tenemos un perro y dos gatos. A mis hermanos les gustan muchísimo los deportes, y mi hermana trabaja en una clínica.

A. **Las palabras evidentes** Circle in the reading all the cognates whose meanings you can guess because of their similarity to English.

B. **¿Cierto o falso?** On the basis of the reading passage, indicate which of the following statements about Joaquín Mendoza are true *C* (**cierto**) and which are false *F* (**falso**).

_____ 1. Él es español.

_____ 2. Él estudia la política.

_____ 3. Él quisiera hablar inglés bien.

_____ 4. Él tiene una tía norte-americana.

_____ 5. Le gusta el jazz.

_____ 6. Le gusta la televisión.

_____ 7. Hay seis personas en su familia en Chile.

_____ 8. El padre y la madre de Joaquín trabajan.

_____ 9. La hermana de Joaquín es estudiante universitaria.

_____ 10. Cree que *(He thinks that)* Boston es muy feo.

C. **Un autorretrato** Your class is going to Spain for a two-week visit. As part of your trip, you will stay with a Spanish family. To help the organizers match students and families, each American student has been asked to write a short self-portrait. Give basic information about yourself (such as your name, where you live, and where you are from) and describe your family, your possessions, your activities, and your likes and dislikes. Use a separate sheet of paper.

D. **Juego: ¿Quién gana la computadora?** Five students of different nationalities are attending school in Switzerland. One of them would like a computer, but his or her parents can't afford to buy one. Consequently he or she enters a lottery and wins the first prize—a computer! Using the clues given on the next page, figure out which of the five students wins the computer.

HINT: After reading each clue, write something down. If you can fill in one of the boxes in the chart, do so. For example, the first statement (**El estudiante mexicano tiene un hermano y una hermana**) tells you to put **la Ciudad de México** in the city box next to the number 2 in the brother / sister column. If you don't have enough information to fill in a box, jot down a connection. For example, for **Enrique tiene muchos discos compactos**, write **Enrique—discos compactos—música**.

ATTENTION: Only one name, number, or item can fit into each box.

- Los estudiantes se llaman Juan, Luisa, Enrique, Sara y David.
- Ellos son de Londres, París, Nueva York, la Ciudad de México y Madrid.
- Tienen el número siguiente de hermanos y hermanas: 0, 1, 2, 3, 4.
- Las profesiones de los padres de los estudiantes son abogado, ingeniero, hombre de negocios, médico y profesor.
- Los estudiantes tienen estos intereses *(these interests)*: la literatura, el fútbol, el cine, la naturaleza, la política.
- Tienen (o quisieran tener) un coche, un vídeo, una computadora, una motocicleta y un estéreo.

1. El estudiante mexicano tiene un hermano y una hermana.
2. Enrique tiene muchos discos compactos.
3. La estudiante inglesa lee mucho sobre (about) las elecciones.
4. Enrique no es mexicano.
5. El padre de Sara trabaja en una escuela.
6. El estudiante con una Kawasaki 500 tiene un hermano.
7. Sara mira las películas de horror.
8. El padre de Sara habla español en casa.
9. El hijo del médico quisiera escuchar música.
10. El estudiante mexicano mira los deportes en la televisión.
11. El médico tiene tres hijas y dos hijos.
12. El hijo del hombre de negocios lee los libros de Shakespeare, Cervantes y Molière.
13. Juan quisiera jugar al (to play) fútbol.
14. Luisa es la hija del ingeniero.
15. Sara tiene dos hermanos y una hermana.
16. El padre mexicano no es ingeniero, y él no trabaja en los negocios.
17. David quisiera estudiar en Columbia University.
18. El hijo del abogado tiene un Volkswagen.
19. La hija del profesor comparte sus vídeos con sus amigos.
20. El hijo del hombre de negocios tiene un hermano, pero no tiene hermanas.

Nombre	Ciudad	Hermanos y hermanas	Profesión del padre	Actividades	Posesiones
		0			
		1			
	Ciudad de México	2			
		3			
		4			

NOTAS:

Enrique — discos compactos — música

TERCERA UNIDAD

¿Dónde y a qué hora?

Planning Strategy

The Spanish-speaking exchange student in your school is having trouble giving and getting directions. Suggest some phrases and sentences she might use to accomplish the following tasks.

1. *Finding out from a stranger the location of the town library*

   _____

   _____

   _____

2. *Finding out from a friend if there is a drugstore nearby*

   _____

   _____

   _____

3. *Explaining to a friend how she walks from school to your house (or from the bus stop to your house)*

   _____

   _____

   _____

4. *Explaining to a passerby how to get from school to the center of town*

   _____

   _____

   _____

CAPÍTULO SIETE

¿ADÓNDE VAMOS?

Vocabulario

Para charlar

Para contestar el teléfono

¡Bueno!
¡Diga / Dígame!
¡Hola!

Para disculparse

Lo siento.

Para preguntar la edad

¿Cuántos años tienes?

Temas y contextos

Los edificios y los lugares públicos

un aeropuerto
un banco
una biblioteca
una catedral
un cine
un club
un colegio
una discoteca
una escuela secundaria
una estación de autobuses
una estación de policía
una estación de trenes

un estadio
un hospital
un hotel
una iglesia
un museo
la oficina de correos (el correo)
un parque
una piscina
una plaza
un teatro
una universidad

Las tiendas

una carnicería
una farmacia
una florería
una librería
un mercado
una panadería

Los números

veinte
veintiuno
veintidós
veintitrés
veinticuatro
veinticinco
veintiséis
veintisiete
veintiocho
veintinueve

treinta
treinta y uno
treinta y dos
cuarenta
cincuenta
sesenta
setenta
ochenta
noventa
cien

Vocabulario general

Verbos

ir
querer (ie)
preferir (ie)
venir (ie)

Otras palabras y expresiones

¿Adónde vamos?
a menudo
al
una conversación telefónica
de vez en cuando
en otra oportunidad

nunca
rara vez
tener… años
tener hambre
tener sed

PRIMERA ETAPA

A. ¡Leamos! Read this calendar of events for October 19 in the city of Salamanca, Spain. Then complete Pedro's explanation of where he and the other members of his family are likely to go.

EL DÍA el 19 de octubre
Exposición de pintura religiosa, El Greco, Murillo. Catedral nueva.
Manuscritos y libros ilustrados, Faulkner, Hemingway, Fitzgerald. Biblioteca Municipal.
Debate, "El conflicto en el Medio Oriente", Universidad de Salamanca.
Festival del otoño, Orquesta Colón (Haydn, Mozart, Stravinski). Iglesia San Marcos.

A mi familia y a mí nos gustan cosas diferentes. Mi hermano es abogado y le gusta la política. Mi madre lee muchos libros norteamericanos, pero a mi padre le gusta más el arte.

Así, mi hermano va a _____, mi madre va a _____,

y mi padre va a _____. A mi abuelo le gustan los artistas famosos. Él

va a _____. A mi abuela le gusta leer. Ella va a

_____. ¿Y yo? A mí me gusta mucho la

música. Yo voy a _____.

B. ¿Dónde están? Identify each of the places pictured in the drawings.

MODELO: _una estación de policía_

1. _____

2. _____

3. _____

4. _____   5. _____

6. _____   7. _____

C. **Mi pueblo (Mi barrio)** Describe your town or, if you live in a large city, your neighborhood **(barrio)** by giving precise information about what is or is not located there. Mention each of the following: **una estación de trenes, un aeropuerto, una catedral, una iglesia, un colegio, una escuela secundaria, una universidad, una biblioteca, un hospital, la oficina de correos, un mercado.**

MODELO: *En mi pueblo hay tres iglesias, pero no hay un hospital.*

_____

_____

_____

_____

_____

_____

_____

_____

_____

_____

Repaso

The present tense of the irregular verb **ir**

yo	**voy**	nosotros(as)	**vamos**
tú	**vas**	vosotros(as)	**vais**
él		ellos	
ella }	**va**	ellas }	**van**
Ud.		Uds.	

D. **Me quedo en casa.** *(I'm staying home.)* You are sick and cannot go out, but you are very curious about where various members of your family are going. Complete each question with the appropriate form of the verb **ir.**

1. ¿Adónde _____ Rocío?

2. Tú y Paco, vosotros _____ a la biblioteca, ¿verdad?

3. Y los abuelos, ¿adónde _____ ellos?

4. Y tú, Adela, ¿adónde _____ tú?

5. Y Francisco y Mariluz, ¿adónde _____ ellos?

E. **¿Vas a Madrid a menudo?** Using the number in parentheses as a guide to the number of trips per month, indicate how frequently each person goes to Madrid. Remember that **rara vez, a menudo,** and **de vez en cuando** either begin or end the sentence and that **nunca** usually precedes the verb.

MODELO: Diego Villamil (1)

   Diego Villamil va a Madrid rara vez. _____

1. yo (10) _____

2. Susana Puente (4) _____

3. nosotros (1) _____

4. tú (5) _____

5. los Sres. Rodríguez (0) _____

SEGUNDA ETAPA

F. **¡Leamos!** Choose four people (yourself and three family members or friends) with varying interests. Read the following extract from a visitor's guide to Madrid, looking for the activity that each person would enjoy the most. Then write down *in English* what each of the four people would do and why.

ESPECTÁCULOS
el 20 de octubre

Teatros

Bellas Artes, **La guerra de nuestros antepasados** (Miguel Delibes)
Marquina, **La cinta dorada** (María Manuela Reina)
Teatro Real, **Comedia sin título** (Federico García Lorca)

Discos

Macumba, Estación Chamartín, abierto hasta las 3:00
Pachá, Barceló 11, adornado como Studio 54 en Nueva York
Rock Ola, Padre Xifré 5, nueva ola *(new wave)*

Flamenco

Arco de Cuchilleros, Cuchilleros 7 (tel. 266 5867)
Corral de la Pacheca, Juan Ramón Jiménez 26 (tel. 259 1056)
Torres Bermejas, Mesonero Romanos 15 (tel. 231 0353)

Conciertos

Ópera, **Tosca** (Puccini)
Teatro de la Zarzuela, Orquesta de la Radio-Televisión Española

Cine

Avenida, **Mujeres al borde de un ataque de nervios**
Imperial, **Una cana al aire**
Rialto, **La furia del viento**

Museos

Convento de las Descalzas Reales, La pintura medieval
Goya Panteón, Los frescos de Goya
Museo del Prado, Velázquez y Murillo

_____

_____

_____

_____

_____

_____

_____

NAME _____

_____

_____

_____

_____

For extra practice at the end of the unit come back to this activity and try it *in Spanish*!

G. **Nos divertimos.** *(We're having fun.)* Based on the following pictures, indicate where the people shown have gone to have fun.

MODELO:

un teatro _____

1. _____

2. _____

3. _____

4. _____

5. _____

6. _____

7. _____

Repaso

The preposition **a** and the definite article

a + **el** = **al**
a + **la** = **a la**
a + **los** = **a los**
a + **las** = **a las**

H. **Esta noche** When someone asks where you and your friends are going tonight, everyone has a different suggestion. Fill in the blanks with the appropriate form of **a** and the definite article.

¿Adónde vamos esta noche?

1. ¡_____ museo!

2. ¡_____ teatro!

3. ¡_____ cafés!

4. ¡_____ piscina!

5. ¡_____ universidad!

6. ¡_____ discotecas!

7. ¡_____ parque!

I. **¡Es imposible!** Each time you invite some of your friends to go somewhere, they refuse and explain that it is impossible because they are going somewhere else.

MODELO: yo (cine) / Raquel (biblioteca)

¿Vamos al café?

¡Es imposible! Yo voy al cine y Raquel va a la biblioteca.

1. yo (discoteca) / Miguel (cine)

¿Vamos al teatro? _____

_____

2. Yolanda y Marcela (estadio) / yo (piscina)

¿Vamos al museo? _____

_____

3. Ana María (restaurante) / Vicente y yo (universidad)

¿Vamos al cine? _____

_____

4. yo (iglesia) / mi hermano (estación de trenes)

¿Vamos a la biblioteca? _____

_____

J. **Cuando mi familia va al centro...** Write sentences about the members of your family (or substitute a friend where necessary). Indicate where they go when they visit the nearest big city. When appropriate, use expressions such as **siempre, todos los días,** etc.

1. Mi madre _____

_____

2. Mi hermano _____

_____

3. Yo _____

_____

4. Mis padres _____

_____

5. Mi padre y yo, nosotros

_____

Repaso

The present tense of the irregular verbs **querer** and **preferir**

yo	**quiero** **prefiero**	nosotros(as)	**queremos** **preferimos**
tú	**quieres** **prefieres**	vosotros(as)	**queréis** **preferís**
él ella Ud.	**quiere** **prefiere**	ellos ellas Uds.	**quieren** **prefieren**

K. **Todos quieren algo más** (something else). Fill in the blanks with the appropriate forms of the verb **querer.**

1. Pancho _____ mi motocicleta.

2. Yo _____ el televisor a colores de Pancho.

3. Mi hermana Felicidad _____ comprar la cámara de Josefina.

4. Los señores Iglesias siempre _____ leer nuestros libros.

5. Tú _____ mi bicicleta, ¿no?

L. **Las preferencias** Fill in the blanks with the appropriate form of the verb **preferir.**

1. Ella va al estadio porque _____ los deportes.

2. No me gustan las ciencias. Yo _____ el arte.

3. Mis padres no miran la televisión porque _____ leer.

4. Nosotras _____ la discoteca porque nos gusta bailar.

5. Y tú, ¿qué _____? ¿Una película o el teatro?

TERCERA ETAPA

M. **¡Leamos!** You are visiting some friends who live in the city of Alicante, Spain. This morning you need to go to the bank, return a library book for them, and buy food for lunch. Study the map. Then explain briefly *in English* where you will go and what you will do there. Use the map to plan an itinerary that will allow you to do your errands as quickly and efficiently as possible.

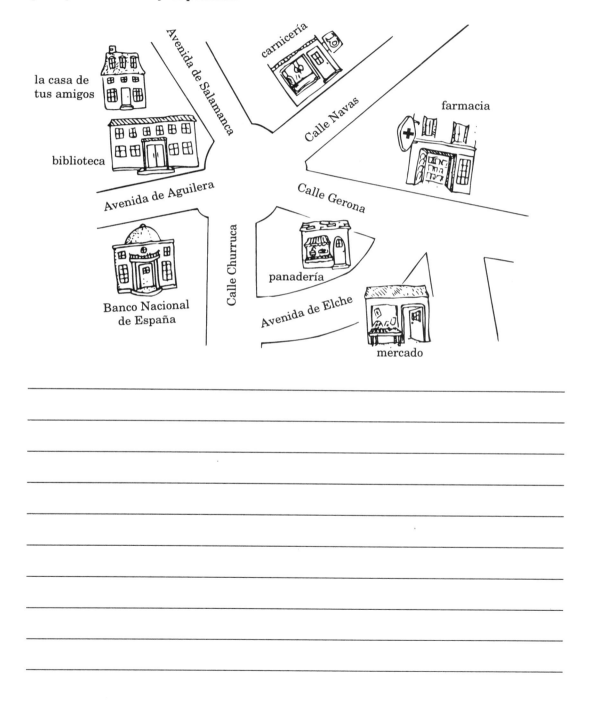

_____
_____
_____
_____
_____
_____
_____
_____
_____
_____

N. **¿Dónde estamos?** Identify each of the places pictured in the drawings.

MODELO:

una librería   1. _____

2. _____   3. _____

4. _____   5. _____

O. **¿Adónde va todo el mundo** (everyone)? Your grandparents arrive just as you and your family are going out. They ask you where everyone is going and then try to find out where each place is located.

MODELO: tu hermana Celia / banco / en la Calle San Mateo

¿Adónde va tu hermana Celia?

Ella va al banco.

¿Hay un banco cerca de aquí?

Sí, hay un banco en la Calle San Mateo.

1. tu hermana Isabel / carnicería / en el Paseo de Rosales

_____

_____

_____

_____

2. tu hermano Benjamín / librería / en la Avenida Alcalá

_____

_____

_____

_____

3. tu hermano Mateo / oficina de correos / en la Calle Alfonso XII

_____

_____

_____

_____

4. tus padres / farmacia / en el Paseo de Recoletos

_____

_____

_____

_____

P. **El mapa de la ciudad de Sevilla** In making a map of the southern Spanish city of Seville, the printer has inadvertently left off the legend. Using the symbols on the map as a guide, match the names of the various buildings and sites with their numbers. Be sure to include the definite article **(el, la, los, las)**. Write the names on the lines provided.

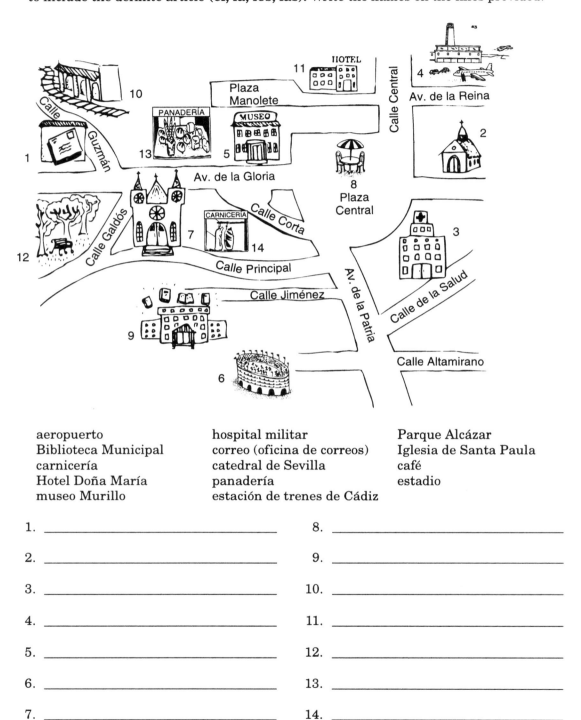

aeropuerto	hospital militar	Parque Alcázar
Biblioteca Municipal	correo (oficina de correos)	Iglesia de Santa Paula
carnicería	catedral de Sevilla	café
Hotel Doña María	panadería	estadio
museo Murillo	estación de trenes de Cádiz	

1. _____

2. _____

3. _____

4. _____

5. _____

6. _____

7. _____

8. _____

9. _____

10. _____

11. _____

12. _____

13. _____

14. _____

Repaso

The numbers from 20 to 100

20	**veinte**	50	**cincuenta**
21	**veintiuno or veinte y uno**	60	**sesenta**
30	**treinta**	70	**setenta**
31	**treinta y uno**	80	**ochenta**
40	**cuarenta**	90	**noventa**
41	**cuarenta y uno**	100	**cien**

Q. **La temperatura** A student from Spain will be staying with your family this year. She wants to know what the temperature will be like throughout the year, but she is unfamiliar with the Fahrenheit scale. Below is a list comparing different temperatures in Fahrenheit and Celsius. Write out the numbers for each.

Fahrenheit   Celsius

MODELO:

70 _____*setenta*_____   21 _____*veintiuno*_____

1. 92 _____   33 _____

2. 48 _____   9 _____

3. 69 _____   20 _____

4. 55 _____   13 _____

5. 86 _____   30 _____

Repaso

Expressions with **tener**

To ask someone's age in Spanish, use **tener:**

—**¿Cuántos años tienes?**   —**¿Cuántos años tiene** tu hermana?
—**Tengo catorce años.**   —**Tiene cuatro.**

Other expressions that also use **tener** are **tener hambre** and **tener sed.**

—**Tengo hambre. ¿Y tú?**
—No, **yo no tengo hambre,**
pero **sí, tengo mucha sed.**

R. **¿Cúantos años tienen?** You are asking a Spanish friend about his or her family. Ask how old he or she and the members of his or her family are.

MODELO: tu padre / 45

¿Cuántos años tiene tu padre?

Él tiene cuarenta y cinco años.

1. tu hermano Enrique / 23

_____

_____

2. tu hermana Claudia / 19

_____

_____

3. tu abuelo Beltrán / 78

_____

_____

4. tú

_____

_____

S. **¿Por qué?** Based on each statement below, write an explanation for each person's action.

MODELO: Gabriela toma un refresco.
Ella tiene sed.

1. José come cuatro bocadillos.

_____

2. Estela come un pan dulce.

_____

3. Margarita toma tres vasos de agua.

_____

CAPÍTULO OCHO

¿DÓNDE ESTÁ...?

Vocabulario

Para charlar

Para dar direcciones

Cruce la calle...
Doble a la derecha.
     a la izquierda.
Está al final de...
    al lado de...
    cerca de...
    delante de...
    detrás de...
    en la esquina de...
    entre...
    frente a...
    lejos de...
Siga derecho por...
Tome la calle...

Para pedir direcciones

¿Cómo llego a... ?
¿Dónde está... ?
¿Está lejos / cerca de aquí?

Vocabulario general

Sustantivos

la playa de estacionamiento
un quiosco de periódicos

Verbos

estar
llegar

Otras palabras y expresiones

del
Sea Ud....
Sean Uds....
Vaya Ud....
Vayan Uds....

PRIMERA ETAPA

A. **¡Leamos!** Read the conversation below, then answer the questions that follow. Although you may not understand every word, try to figure out the general situation.

En la calle

— Señor, por favor.
— A sus órdenes.
— Yo busco la casa de mis parientes y no la puedo encontrar. Mis tíos viven cerca de la Plaza de Cervantes.
— ¿Cúal es su dirección?
— Un momentito. Aquí está. Es la Calle Alcalá, 23.
— Muy bien. No hay problema. Allí está, frente al colegio.
— Muchas gracias, señor. Muy amable.
— De nada, señora. Adiós.

1. Words can sometimes mislead you. In this conversation, two words that look like English words—**parientes** and **dirección**—do not mean what you might think. How do you know from the rest of the dialogue that **parientes** does not mean "parents" and that **dirección** does not mean "direction"? What do you think they mean? Write your answer *in English* and explain what helped you to decide.

   _____

   _____

2. Describe briefly *in English* the situation presented in this conversation.

   _____

   _____

   _____

B. **El pueblo de Domingo** Domingo lives in a small town in the province of Huesca in Spain. Based on the map, complete his description of his town on the next page by using the prepositions **cerca de, lejos de, frente a, al lado de, al final de, en la esquina de,** and **en.**

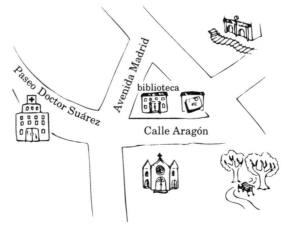

En mi pueblo el hospital está (1)_____ la estación de trenes. El hospital está

(2)_____ el Paseo Doctor Súarez. La oficina de correos está (3)_____

la iglesia y (4)_____ la biblioteca. El parque está (5)_____ la iglesia.

La biblioteca está (6)_____ la Calle Aragón y la Avenida Madrid.

C. **Balboa y la caja** *(box)* Balboa is a visitor from outer space. He's always moving around.
   Tell where he is in the drawings below. Use **en, entre, delante de,** or **detrás de.**

1.   2.   3.   4.

1. _____

2. _____

3. _____

4. _____

Repaso

The preposition **de** and the definite article

de + el = del
de + la = de la
de + los = de los
de + las = de las

D. **¿De quién es?** Ask questions to find out who owns the following items.

MODELO: llave / señor / señora

   ¿Es la llave del señor? _____

   ¿Es la llave de la señora? _____

1. motocicleta / profesor / profesora

   _____

   _____

2. computadora / ingeniero / secretarios

_____

_____

3. escritorio / médica / enfermeras

_____

_____

Repaso

Prepositions of place

al lado de	**detrás de**
al final de	**en la esquina de**
cerca de	**frente a**
delante de	**lejos de**

Remember that **de** is not used with the preposition **entre.**

E. **¿Dónde queda... ?** Using the prepositions **cerca de, lejos de, frente a, al lado de, al final de,** and **en la esquina de,** locate as precisely as possible the following places in Seville, Spain. (See the map on page 94.)

MODELO: la panadería

Está cerca de la estación de trenes, frente a la Catedral de Sevilla.

1. la Catedral de Sevilla _____

_____

2. la Biblioteca Municipal _____

_____

3. la oficina de correos _____

_____

4. el Parque Alcázar _____

_____

5. la Iglesia Santa Paula _____

_____

6. el Hotel Doña María _____

_____

F. **El pueblo donde yo nací** *(where I was born)* Using prepositions of place (**cerca de, frente a, detrás de, entre,** etc.), describe where the following places are located in your hometown or city. Add proper names where appropriate—**el restaurante Criterión, el Hospital Memorial,** etc.

MODELO: mi casa

Mi casa está cerca de la biblioteca Highland.

Está detrás de la iglesia First Methodist.

1. mi casa _____

_____

2. la estación de trenes _____

_____

3. una iglesia _____

_____

4. una escuela _____

_____

5. la oficina de correos _____

_____

6. un restaurante _____

_____

Repaso ——————————————————

The present tense of the irregular verb **estar**

yo	**estoy**	nosotros(as)	**estamos**
tú	**estás**	vosotros(as)	**estáis**
él		ellos	
ella	} **está**	ellas	} **están**
Ud.		Uds.	

G. **Para practicar** Complete the following sentences with the appropriate form of the verb **estar.**

1. Mis profesores _____ en el colegio.

2. Yo _____ en el Cine Rialto.

3. Pedro _____ en la librería en la esquina de la Calle Mayor.

4. Los hijos de la Sra. Gallego _____ en el parque.

5. Y tú, ¿dónde _____ ?

SEGUNDA ETAPA

H. **¡Leamos!** In guidebooks, writers often use the infinitive rather than the present tense or the imperative when laying out an itinerary. Read the following itinerary for a tour of Segovia, a city northwest of Madrid. Then draw the route on the map.

- Comenzar la excursión al final de la Calle de Daoiz y del Paseo de Ronda.
- Visitar el Alcázar. Hay plazas de estacionamiento cerca.
- Al terminar la visita al Alcázar, caminar al final de la Calle de Daoiz a la Plaza Merced. Ir derecho al final de la Calle Marqués del Arco donde está la catedral. Frente a la catedral está la Plaza Mayor. Allí está la Oficina de Turismo. Visitar la catedral y tomar algo en un restaurante o café en la Plaza Mayor.
- Pasar por la Calle Real a la Calle Juan Bravo a la Iglesia San Martín. Seguir la Calle Cervantes a la Plaza de Azoguejo al pie del acueducto.¡Magnifíco!

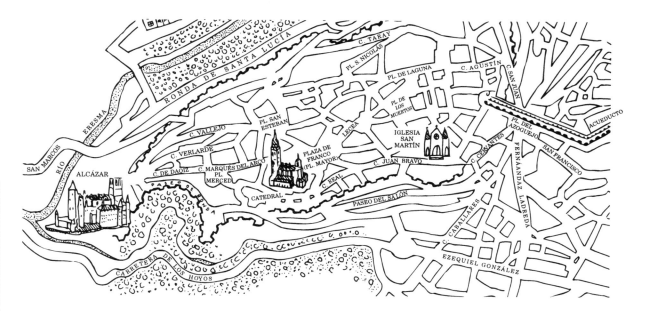

I. **Falta algo.** (*Something's missing.*) You and your friends have been given instructions on how to get to various points in Madrid. Unfortunately, certain parts of the instructions can't be read. Refer to the map on the next page and fill in the missing words in the instructions that follow.

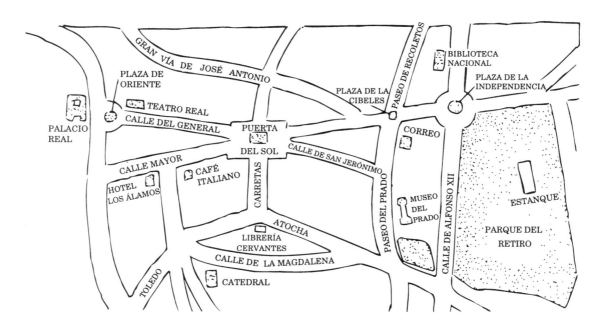

NOTE: *Use the appropriate form of the verbs* ***tomar, cruzar, seguir derecho,*** *and* ***doblar.***

Su punto de partida es la Plaza de Oriente. _____ Ud. la Calle del

General y _____ a la Puerta del Sol. _____ la Puerta del Sol y

_____ por la Calle de San Jerónimo hasta llegar al Paseo del Prado.

_____ a la derecha. El Museo del Prado está cerca a la izquierda.

_____ a la izquierda en la Calle Atocha y _____ hasta la Calle

de Alfonso XII. _____ a la izquierda en la Calle de Alfonso XII. ¡Ahora

está frente al Parque del Retiro!

J. **¿Como llego a... ?** Using the map of Madrid above, complete the following conversations by giving directions to the locations mentioned. Be sure to pay attention to your starting point.

1. *Tú estás en el Hotel Los Álamos.*

— Perdón. ¿El Museo del Prado, por favor?

— ¿El Museo del Prado? Sí, está en el Paseo del Prado.

— ¿Está cerca de aquí?

— No, _____

_____

_____

_____

2. *Tú estás frente a la Librería Cervantes.*

— ¿Hay una biblioteca cerca de aquí?

— No, pero la Biblioteca Nacional está en la Calle de Alfonso XII.

— ¿Y cómo llego allí?

— Bueno, _____

_____

_____

_____

Repaso

The imperative with **Ud.** and **Uds.** (Formal Commands)

-ar verbs:	**-er** verbs:	**-ir** verbs:
cantar	**comer**	**escribir**
Cante Ud.	**Coma** Ud.	**Escriba** Ud.
Canten Uds.	**Coman** Uds.	**Escriban** Uds.
tener	**llegar**	**practicar**
Tenga Ud.	**Llegue** Ud.	**Practique** Ud.
Tengan Uds.	**Lleguen** Uds.	**Practiquen** Uds.
ir	**ser**	**cruzar**
Vaya Ud.	**Sea** Ud.	**Cruce** Ud.
Vayan Uds.	**Sean** Uds.	**Crucen** Uds.

K. **Los niños** You have been left with Paquito and Rosita, the three- and four-year-old children of your parents' Costa Rican friends. At various times you have to tell the children what to do and what not to do.

MODELO: no correr y ser buenos

No corran y sean buenos.

1. no hablar español y practicar inglés

_____

2. ir al cuarto y mirar la televisión

_____

3. tener paciencia y buscar las bicicletas

_____

L. **Para ir a...** A friend of your parents who speaks only Spanish is staying with your family for a few days. Give this person simple directions from your house to two places (of your choice) in the town. To be as specific as possible, mention streets, landmarks, etc.

ATAJO

MODELO: _Para ir a la farmacia, doble Ud. a la izquierda en la Calle Main._

Cruce Ud. la calle, y la farmacia está al lado del Restaurante

White Hat.

1. _____

_____

_____

_____

2. _____

_____

_____

_____

CAPÍTULO NUEVE

¡LA FIESTA DEL PUEBLO!

Vocabulario

Para charlar _____

Para preguntar y dar la hora

¿Qué hora es?
Es la una y media.
Son las tres menos veinte.

¿A qué hora?
¿Cuándo?
A las cinco de la mañana.
A la una de la tarde.
A las nueve de la noche.
Desde… hasta…
Entre… y…
Al mediodía.
A la medianoche.

Temas y contextos _____

La fiesta del pueblo

un baile popular
unos bailes folklóricos
un concurso de poesía
un desfile
el Día de la Independencia
una feria
unos fuegos artificiales
la misa de Acción de Gracias
un premio

Vocabulario general _____

Adjetivos	*Verbos*	*Otras expresiones*
aburrido(a)	anunciar	ahora
cansado(a)	celebrar	de acuerdo
contento(a)	descansar	¿Dónde nos encontramos?
enfermo(a)	venir	entonces
enojado(a)		mejor
hispano(a)		para
listo(a)		por supuesto
triste		su / sus
		todo(a)
		una vez al año

PRIMERA ETAPA

A. **¡Leamos!** Read the program of activities for a festival in Valencia, Spain, then pick out at least four activities that various members of your family would particularly like. Specify the family member who would like each activity.

El programa de festividades de San Nicolás

VIERNES, 7 DE DICIEMBRE

20:30 — Concierto de corales, Plaza del País Valenciano (entrada gratis).

SÁBADO, 8 DE DICIEMBRE

Ferias en varios barrios de la ciudad con las sociedades musicales exteriores y la participación de músicos locales y militares.

De 14:30 a 17:00 — Espectáculos para niños, Jardines del Palacio Real.

DOMINGO, 9 DE DICIEMBRE

9:00, 11:00, 12:00 — Misa de Acción de Gracias en la Iglesia de San Nicolás, Calle Abadía.

De 13:00 a 14:30 — Bailes folklóricos, con la participación de los Bailadores Cantares.

De 15:00 a 17:00 — Comidas navideñas, Plaza del País Valenciano. Se servirán en varios cafés y restaurantes. Precios fijos.

17:15 — Partida del desfile de los Torres Serranos, Plaza de los Fueros en la esquina de Conde Trenor, Blanquerías y Calle de Serranos. Seguirá la ruta siguiente: Conde Trenor, Calle Pintor López, Plaza de Tetuán, General Tóvar, Plaza Alfredo el Magnánimo, Pintor Sorolla, Barcas.

18:45 — Llegada del desfile a la Plaza del País Valenciano.

19:00 — Llegada de San Nicolás, Plaza del País Valenciano, donde el alcalde le dará la llave de la ciudad.

19:15 — Espectáculo piro-musical sobre la leyenda de San Nicolás. Fuegos artificiales.

---

1. _____

2. _____

3. _____

4. _____

B. **El festival** Some friends from another town are going to the festival in Guatemala City where you live. You are busy working at the festival, so you prepare a suggested itinerary for them. Use the expressions suggested and refer to page 204 in your textbook for the times of the activities. Be sure to use the appropriate command form for each verb.
Expressions: **comprar algo de comer en una panadería, ir a los bailes folklóricos, escuchar el concurso de poesía, comer algo en la feria de la comida, mirar el desfile, bailar en el Parque Nacional, mirar los fuegos artificiales**

9:30: Compren Uds. algo de comer en una panadería.

_____

_____

_____

_____

_____

_____

_____

_____

Repaso

¿Qué hora es?

Es la una.	(1:00)
Son las dos.	(2:00)
Son las dos y cuarto.	(2:15)
Son las dos y media.	(2:30)
Son las tres menos veinte.	(2:40)
Son las tres menos cuarto.	(2:45)
Es mediodía.	(noon)
Es medianoche.	(midnight)

C. **Las agujas del reloj** *(The hands of the clock)* On the basis of the times given below in Spanish, add the missing hands to each clock.

1. Son las seis y cinco.   2. Son las once menos cuarto.   3. Es mediodía.

4. Son las cuatro y veinticinco.   5. Es la una y media.   6. Son las siete y diez.

D. **¿Qué hora es?** Answer this question for each of the digital clocks shown below.

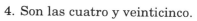

MODELO:

Son las siete.

1. _____

2. _____

3. _____

4. _____

5. _____

E. **¿A qué hora?** Your friend who will be visiting you for the festival wants to know when the different activities take place. Using the times provided, answer your friend's questions.

MODELO: ¿A qué hora celebran la Misa de Acción de Gracias? / 10:30

A las diez y media.

1. ¿A qué hora es la feria de la comida? / 12:00

_____

2. ¿Cuándo son los bailes folklóricos? / 1:30

_____

3. ¿Cuándo anuncian el premio a la mejor poesía? / 4:00

_____

4. ¿A qué hora ves el desfile? / 4:30

_____

5. ¿Cuándo es el banquete? / 7:00

_____

Repaso

The present tense of the irregular verb **venir**

yo	**vengo**	nosotros(as)	**venimos**
tú	**vienes**	vosotros(as)	**venís**
él ella Ud. }	**viene**	ellos ellas Uds. }	**vienen**

F. **¡Excusas!** As you read the following reasons why different people cannot attend the festival, fill in the blanks with the appropriate forms of **venir.**

1. Tú no _____ porque no estás bien.

2. Matilda no _____ porque está en México.

3. Gerardo y Alfredo no _____ porque van al cine.

4. Yo no _____ porque mis amigos no _____.

5. Nosotros no _____ porque tenemos que estudiar.

SEGUNDA ETAPA

G. **¡Leamos!** Read the train schedule for the **Estación ferrocarril** in Segovia, Spain. You and your friends are returning to Madrid, where there are two stations, Chamartín and Atocha, that run trains to and from Segovia. You need to make plans on when to return and at what time to meet. For each arrival time and station in Madrid listed below, write down your plan for departing from Segovia in the morning. Follow the model. Allow enough time to meet so that you don't miss your train!

MODELO: 9:16 / Chamartín

Entonces, si tomamos el tren que llega a Chamartín a las nueve y dieciséis, nos encontramos en la Estación ferrocarril a las siete de la mañana. ¿De acuerdo?

---

horario de trenes

ESTACION FERROCARRIL Plaza Obispo Quesada (D-6)

SEGOVIA	MADRID		MADRID		SEGOVIA
SALIDA	LLEGADA		SALIDA		LLEGADA
	Chamartín	Atocha	Atocha	Chamartín	
5,58	7,46	7,58	7,09	7,23	9,16
7,13 (4)	8,39	8,53	8,43	8,59	10,55
7,25	9,16	9,28	9,23 (1)	9,37	11,31
10,00	11,52	12,04	10,23	10,37	12,36
11,41	13,36	13,48	11,13	11,27	13,18
12,57	14,46	14,58	12,33	12,47	14,41
14,48	16,36	16,48	14,13	14,26	16,19
16,49	18,36	18,48	15,08	15,22	17,10
17,48	19,37	19,49	17,13	17,27	19,22
18,44	20,36	20,48	17,45 (4)	17,59	19,33
19,57	21,47	21,59	18,33	18,46	20,35
20,47 (1)	22,35	22,47	19,43	19,56	21,44
21,25	23,31	23,33	21,21	21,35	23,23

SEGOVIA	MEDINA	MEDINA	SEGOVIA
SALIDA	LLEGADA	SALIDA	LLEGADA
9,25	11,06	8,10	9,51
13,40	15,21 (2)	12,36 (3)	14,26
17,17	18,56	19,00	20,39

(1) Sábados, domingos y festivos
(2) Llega a Valladolid a las 15,58
(3) Nace en Valladolid a las 12,02
(4) Directo

---

1. 12:04 / Atocha

_____

_____

_____

2. 13:36 / Chamartín

_____

_____

_____

3. 19:49 / Atocha

_____

_____

_____

4. 21:47 / Chamartín

_____

_____

_____

H. **Nos encontramos...** While sitting in class, you sometimes get bored and write notes to your friends in Spanish. Use the expressions you have learned to make the following plans.

MODELO: go to the movies / your house / 6:30

Vamos al cine. Nos encontramos en tu casa a las seis y media.

¿De acuerdo?

1. go to the park / on the corner of South Street / 5:15

_____

_____

2. go to the rock concert / in front of the train station / 3:30

_____

_____

3. go to the parade / across from the post office / noon

_____

_____

4. go to a restaurant / on Lincoln Street / 8:00

_____

_____

I. **¿Cómo están?** Based on what is stated about each person, indicate how he or she feels. Use the appropriate form of the following adjectives: **enojado, aburrido, enfermo, contento, cansado, triste.**

MODELO: María no está bien.

Ella está enferma.

1. Raúl trabaja desde las siete de la mañana hasta las diez de la noche.

_____

2. Bárbara acaba de ganar el premio a la mejor poesía.

_____

3. El Sr. Bejarando no tiene las llaves para el auto y tiene que ir al aeropuerto.

_____

4. Los niños estudian todos los días y nunca van al parque.

_____

5. Rodrigo no quiere venir porque no tiene amigos.

_____

Repaso

Possessive adjectives — third person

Remember that the possessive adjective in Spanish agrees with the object possessed, not with the possessor.

su / sus = his, her, its, your (formal), their

In order to clarify their meaning, sometimes the following phrases are used:

de él (his)	**de ella** (hers)	**de Ud.** (yours, sing.)
de ellos (theirs, masc.)	**de ellas** (theirs, fem.)	**de Uds.** (yours, pl.)

J. **Por supuesto** When a friend asks if certain objects belong to people you know, indicate that the answer is obviously affirmative by using **por supuesto** and the appropriate third-person form of the possessive adjective.

MODELO: ¿Es el auto de Andrés?

Por supuesto, es su auto. _____

1. ¿Es el perro de Federico?

   _____

2. ¿Es la casa de tus abuelos?

   _____

3. ¿Son las llaves de tu hermano?

   _____

4. ¿Son los discos compactos de tus primos?

   _____

5. ¿Es la motocicleta de tu tío?

   _____

6. ¿Es la silla de Esteban?

   _____

7. ¿Son las cintas de tus hermanos?

   _____

8. ¿Son los cuadernos de Miguel?

   _____

K. **El inventario** Your brother Pedro and sister Ana have been away at college. When they come home, your father watches them unpack and describes what the two of them have brought back. Complete your father's description with the appropriate possessive adjectives.

Bueno. Pedro tiene _____ cámara, _____ estéreo, _____ discos compactos y

_____ cintas. Ana tiene _____ calculadora, _____ motocicleta, _____

cuadernos y _____ máquina de escribir.

   Muy bien. Ellos tienen _____ televisor a colores y _____ computadora.

Pero, ¿dónde están _____ libros?

Antigua Guatemala, "Monumento de América"

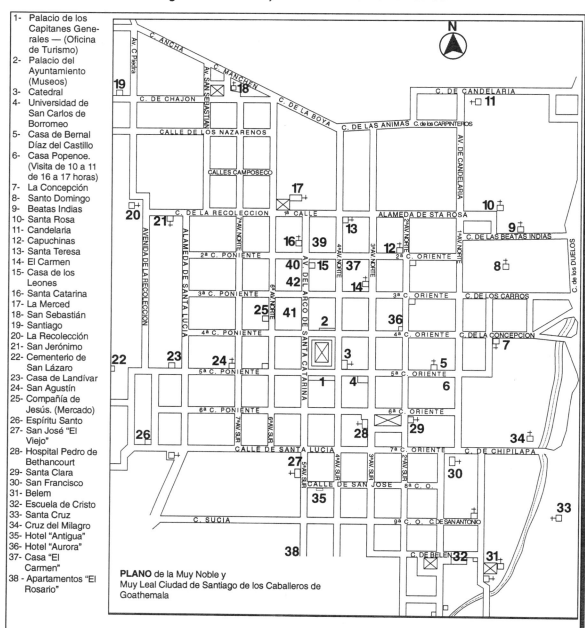

1- Palacio de los Capitanes Generales — (Oficina de Turismo)
2- Palacio del Ayuntamiento (Museos)
3- Catedral
4- Universidad de San Carlos de Borromeo
5- Casa de Bernal Díaz del Castillo
6- Casa Popenoe. (Visita de 10 a 11 de 16 a 17 horas)
7- La Concepción
8- Santo Domingo
9- Beatas Indias
10- Santa Rosa
11- Candelaria
12- Capuchinas
13- Santa Teresa
14- El Carmen
15- Casa de los Leones
16- Santa Catarina
17- La Merced
18- San Sebastián
19- Santiago
20- La Recolección
21- San Jerónimo
22- Cementerio de San Lázaro
23- Casa de Landívar
24- San Agustín
25- Compañía de Jesús. (Mercado)
26- Espíritu Santo
27- San José "El Viejo"
28- Hospital Pedro de Bethancourt
29- Santa Clara
30- San Francisco
31- Belem
32- Escuela de Cristo
33- Santa Cruz
34- Cruz del Milagro
35- Hotel "Antigua"
36- Hotel "Aurora"
37- Casa "El Carmen"
38 - Apartamentos "El Rosario"

PLANO de la Muy Noble y Muy Leal Ciudad de Santiago de los Caballeros de Goathemala

Cantada por los poetas durante siglos de romántica veneración, la Ciudad de Santiago de los Caballeros de Guatemala, que fuera en la época de la colonia la tercera del Continente, antes de ser destruida por los terremotos de Santa Marta en 1773, se conserva aún como una reliquia del pasado legendario.

Sus calles y sus plazas, sus templos y monumentos, sus jardines de extraño colorido, sus arcos y palacios, sus alamedas, sus portales, conservan de manera inconfundible el sello de la hispanidad en toda su pureza.

Ninguna otra ciudad en el Nuevo Mundo puede ostentar con tanta justicia el título de "Monumento de América", que le fuera conferido por el VIII Congreso Panamericano de Geografía e Historia, el 7 de Julio de 1965, como la Ciudad de Santiago de los Caballeros de Guatemala, que de esta manera ha pasado a ser la joya más preciada en el patrimonio histórico y afectivo de los pueblos hispanoamericanos.

A. **¿Cómo es la Antigua Guatemala?** The reading on the previous page is from a brochure for tourists who visit Guatemala City. You are not expected to understand everything in the reading. First, read the questions that follow, then return to the text and the map to find the answers.

1. Which of the following do you think apply to this part of Guatemala City? Skim quickly through the paragraphs and look at the buildings shown on the map, then place a check next to each description below that you think applies.

_____ viejo	_____ rural
_____ moderno	_____ contaminado
_____ poético y romántico	_____ histórico
_____ feo	_____ bonito
_____ tranquilo	_____ gigantesco
_____ con mucho tráfico	_____ con muchos hospitales
_____ gran centro religioso	_____ gran centro comercial

2. Now answer the questions that follow. Return to the reading and the map to look for specific answers.

a. Are there any churches or cathedrals in old Guatemala City? If so, name several.

_____

b. The reading mentions another, longer name for old Guatemala City. What is it?

_____

c. The reading also mentions a title that is often used to describe old Guatemala City. What is it?

_____

d. According to the map and the reading, which of the following buildings and places of interest can be found in old Guatemala City?

_____ hospital	_____ cine
_____ estadio	_____ teatro
_____ escuela	_____ catedral
_____ hotel	_____ palacio
_____ universidad	_____ cementerio

Aquí leemos **117**

_____ plaza		_____ templo	
_____ farmacia		_____ apartamentos	
_____ monumentos		_____ aeropuerto	
_____ jardines (parques)		_____ oficina de correos	
_____ mercado		_____ estación de trenes	
_____ museo		_____ estación de autobuses	

B. **¡A explorar!** You are visiting old Guatemala City and are staying at the Hotel Antigua. A Mexican friend of yours is arriving at the hotel today, and you want to leave a note for him. You know he wants to visit the Palacio de los Capitanes Generales and then meet you at the market at the Iglesia Compañía de Jesús. Write a note for him in which you give him directions from the Hotel Antigua to the palace and from the palace to the market. Don't forget to include the time you plan to meet him!

_____

_____

_____

_____

_____

_____

_____

_____

_____

C. **Mañana vamos a...** Now you and your Mexican friend are planning your itinerary for your next day of sightseeing in old Guatemala City. Write your itinerary below, following the model. Include at least six places in your plan, and be sure to stop for lunch!

MODELO: _9:00   Vamos a la casa de Bernal Díaz del Castillo._

10:30 _____

11:30 _____

12:30 _____

2:00 _____

3:00 _____

4:00 _____

5:00 _____

D. **Una mañana en el centro...** Luis, Tomás, and Cecilio share an apartment in Caracas, Venezuela. Every Saturday morning, they divide up their errands in town so that they will finish more quickly. Each visits exactly three places in town to do his share of the errands. Read the statements that follow, then fill in the chart to figure out what three places each visits to do his errands.

1. Tomás va al correo.
2. Luis va al quiosco.
3. Cecilio va a la florería.
4. Luis no va a la farmacia.
5. Cecilio no va al mercado.
6. Tomás no va a la librería.
7. La persona que va al mercado no va al banco ni a la librería.
8. La persona que va al correo también va a la panadería.
9. La persona que va al banco no va a la librería ni a la florería.
10. La persona que va a la carnicería también va al banco.

	Tomás	Luis	Cecilio
mercado			
quiosco de periódicos			
correo			
banco			
farmacia			
florería			
librería			
panadería			
carnicería			

Vamos al centro

Planning Strategy

Your friend, the Spanish exchange student, is having trouble coming up with certain English words and expressions. Suggest words and phrases she might find useful in accomplishing the following.

1. *Inviting an American friend to go downtown with her. What specific words and more general phrases can you suggest?*

   _____

   _____

   _____

2. *Inviting her American host parents to go out to dinner. What expressions would help her issue the invitation?*

   _____

   _____

   _____

3. *Taking the subway. Think of words and phrases she might need to buy a ticket or ask directions.*

   _____

   _____

   _____

4. *Taking a taxi. What key words and phrases would she need to talk to the driver?*

   _____

   _____

   _____

CAPÍTULO DIEZ

¿QUIERES IR AL CENTRO?

Vocabulario

Para charlar

Para hablar de planes

ir + a + *infinitive*
poder + *infinitive*
tener ganas + de + *infinitive*

Para ir al centro

Voy en autobús.
…a pie.
…en bicicleta.
…en coche.
…en metro.
…en taxi.

Para decir para qué vas

Voy a dar un paseo.
…hacer un mandado.
…ir de compras.
…ver a un(a) amigo(a).

Para decir cuándo

Vamos esta mañana.
…esta tarde.
…hoy.
…mañana.
…mañana por la mañana.
…mañana por la tarde.
…mañana por la noche.

Para decir sí o no

¡Claro que sí!
Sí, puedo.
Sí, tengo ganas de…
Es imposible.
No, no puedo.

Para preguntar qué día es

¿Qué día es hoy?

Temas y contextos

Los días de la semana

el lunes	el viernes
el martes	el sábado
el miércoles	el domingo
el jueves	el fin de semana

Vocabulario general

Verbos

deber
hacer
poder (ue)

Otras palabras y expresiones

una cita
conmigo
frecuentemente
próximo(a)
usualmente

PRIMERA ETAPA

A. **¿Para qué van Uds. al centro?** Based on the drawings, tell why each person is going downtown. Use **para** and an infinitive in your answer.

MODELO: ¿Para qué va Alicia al centro?

Ella va al centro para ir de

compras.

1. ¿Para qué va Alberto al centro?

_____

2. ¿Para qué va Mariluz al centro?

_____

3. ¿Para qué van Diego y Sara al centro?

4. ¿Para qué van Julita y Claudia al centro?

5. ¿Para qué va Miguel al centro?

Repaso

The immediate future: **ir a** + *infinitive*

yo	**voy a descansar**	nosotros(as)	**vamos a bailar**
tú	**vas a leer**	vosotros(as)	**vais a cantar**
él		ellos	
ella }	**va a trabajar**	ellas }	**van a correr**
Ud.		Uds.	

B. **Hoy no, mañana sí** Say that you and your friends are not doing certain things today **(hoy),** but that you will do them tomorrow **(mañana).**

MODELO: Susana / leer un libro

Susana no lee un libro hoy, pero ella va a leer un libro mañana.

1. yo / escuchar la radio

_____

_____

_____

2. Raúl y Vicente / estar en la escuela

_____

_____

_____

3. Esperanza / llegar al mediodía

_____

_____

_____

4. nosotros / dar un paseo

_____

_____

_____

5. tú / mirar la televisión

_____

_____

_____

C. **Por eso...** *(That's why...)* Based on the statements, indicate what each person is going to do next.

MODELO: Tengo un examen de matemáticas mañana.

Por eso voy a estudiar.

1. Pepe está muy cansado.

   _____

2. Yo tengo mucha hambre.

   _____

3. Pablo y Estela quieren llegar al otro lado de la calle.

   _____

4. Nosotros acabamos de comprar unas cintas.

   _____

5. Tú prefieres las películas.

   _____

D. **¡Qué aburrido!** *(How boring!)* Your parents and your friends' parents suggest various activities to do together this weekend. Indicate that you and/or your friends feel like doing other things.

MODELO: Los padres de Enrique quieren visitar el museo.

Él tiene ganas de ir a un concierto.

1. Los padres de Carmen van al teatro.

   _____

2. Mis padres desean descansar.

   _____

3. Tus padres prefieren visitar la catedral.

   _____

4. Los padres de Juliana y Rocío desean trabajar.

   _____

5. Nuestros padres van a ir al mercado.

   _____

SEGUNDA ETAPA

E. **¡Leamos!** *(Let's read!)* Your family is going to host an exchange student. In one of her letters, she has sent you a copy of her schedule at school. Your parents don't read Spanish, so they ask you some questions about what Paula does at school. You'll answer their questions *in English,* of course!

1996-97*	HORARIO DEL PROGRAMA } CIENCIAS PURAS						
	L	M	M	J	V	S	D
9:00-9:50	FÍSICA	EDUCACIÓN FÍSICA	MATEMAT.	FILOSOFÍA	COMERCIO		
9:55-10:45	DIBUJO TÉCNICO	CIENCIAS NATURALES	INGLÉS	EDUCACIÓN FÍSICA	CIENCIAS NATURALES		
10:50-11:40	INGLÉS	MATEMAT.	FÍSICA	DIBUJO TÉCNICO	INGLÉS		
**12:10-1:00	MATEMAT.	FÍSICA	FILOSOFÍA	CIENCIAS NATURALES	HISTORIA		
1:05-1:55	FILOSOFÍA	COMERCIO	DIBUJO TÉCNICO	MATEMAT.	FÍSICA		
2:00-2:50	HISTORIA	INGLÉS	HISTORIA	HISTORIA	FILOSOFÍA		

* *Este sistema entró en vigor hace dos años en mi colegio. Antes las clases eran de 9 a 5 con un recreo de media hora y con un recreo de 45 min. para comer → las clases eran de 1 hora.*

** *Recreo de media hora. La gente va a la cafetería y juega algún deporte.*

Al final del día la mayoría de la gente se va a su casa a comer, pero hay un servicio de comedor para aquellos que, al haber suspendido alguna asignatura, deben recuperarla y por ello tienen clases particulares en grupos muy reducidos (hay que pagar).

1. How many different courses does Paula take?_____

2. When does her philosophy class meet?_____

   _____

3. What foreign language does she study? When do those classes meet? _____

   _____

   _____

4. In what ways is Paula's daily and weekly schedule different from yours? _____

_____

_____

_____

_____

5. Are there any similarities between your schedule and Paula's? _____

_____

_____

F. **La familia de Manuel Vilar** Based on the drawings, write six sentences in the space provided on the next page that describe the activities of Manuel and his family. In each sentence, use a time expression: **esta mañana, esta tarde, esta noche, mañana por la mañana, mañana por la tarde,** or **mañana por la noche.**

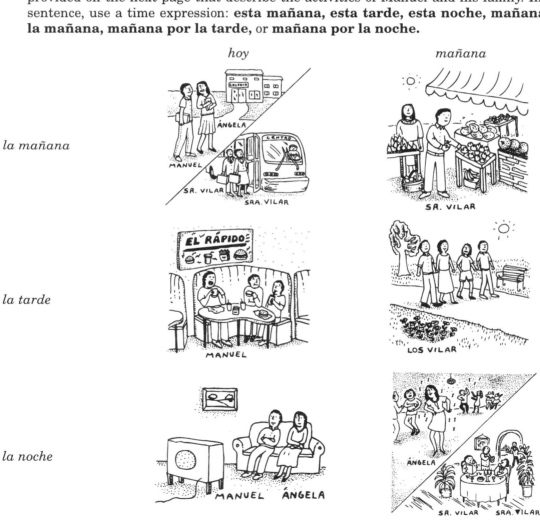

MODELO: *Esta mañana Manuel y Ángela van a ir al colegio.*

1. _____

2. _____

3. _____

4. _____

5. _____

6. _____

Repaso

The days of the week

lunes   martes   miércoles   jueves   viernes   sábado   domingo

To express "on" (a certain day or days), use the definite article **el** or **los**.

G. **La semana de Ricardo** Using the calendar as a guide, answer the questions about Ricardo's life. A vertical arrow under an item indicates something he does every week. The absence of an arrow indicates something that will occur only this week.

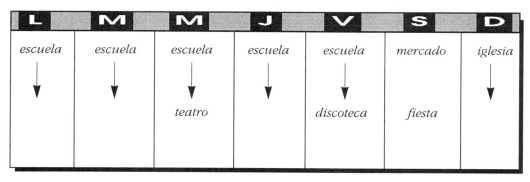

MODELO: ¿Qué día va Ricardo a la discoteca?

  Ricardo va a la discoteca el viernes.

1. ¿Qué días va Ricardo a la escuela? _____

_____

2. ¿Qué día va Ricardo a la iglesia? _____

_____

3. ¿Cuándo va Ricardo al teatro? _____

_____

4. ¿Cuándo va Ricardo a la fiesta? _____

_____

5. ¿Qué días no tiene clases Ricardo? _____

_____

Repaso

The present tense of the verb **hacer**

yo	**hago**	nosotros(as)	**hacemos**
tú	**haces**	vosotros(as)	**hacéis**
él ella } **hace** Ud.		ellos ellas } **hacen** Uds.	

H. **¿Qué hacen Uds?** Ask your friends what they are doing on the days indicated. Then answer according to the model.

MODELO: Rogelio / martes / ir de compras

¿Qué hace Rogelio el martes?

Rogelio va de compras.

1. Amanda / lunes / estudiar para un examen

_____

_____

2. Uds. / sábado / ir al cine

_____

_____

3. Gerardo y Norma / miércoles / visitar el museo

_____

_____

4. tú / jueves / trabajar

_____

_____

5. vosotros / martes / descansar

_____

_____

I. **¿Qué haces?** Using at least five of the expressions below, talk about your activities for the next two days. Imagine that it is early morning and you are thinking about what you are going to do *today* and *tomorrow*. You may limit your sentences to yourself or you may include family and friends. After your statement, ask what someone else is going to do.

Suggested expressions: **hoy, mañana, esta mañana, esta tarde, esta noche, mañana por la mañana, mañana por la tarde, mañana por la noche.**

MODELO: *Esta noche voy a mirar "The Simpsons" en la tele. ¿Qué haces tú?*

1. _____

_____

2. _____

_____

3. _____

_____

4. _____

_____

5. _____

_____

6. _____

_____

TERCERA ETAPA

J. **¡Leamos!** You just bought a train ticket for your trip from Ávila to Valladolid. Your friend who is traveling with you has several questions about the ticket. Look at the ticket below, then try to figure out the best answer to each of his questions. Answer *in English.*

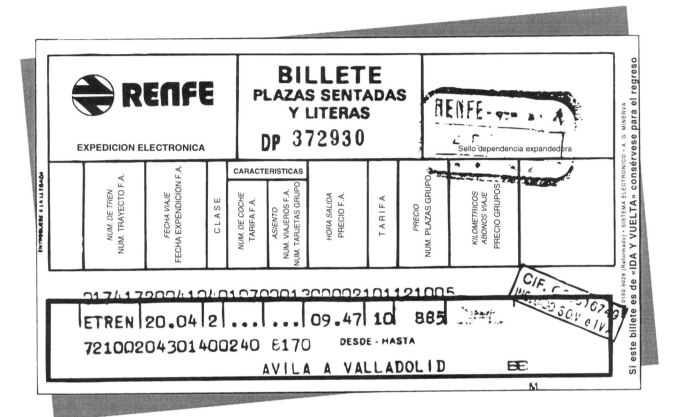

1. What is the name of the train company? _____

2. This ticket is for travel between what two cities? _____

3. Is there an assigned car or seat? _____

4. What time does the train leave? _____

5. How much did the ticket cost? (Remember, the amount is in **pesetas**.) _____

K. **¿Cómo van al centro?** Write sentences that indicate how each person gets around in the city.

MODELO: Carlos

Carlos va en autobús.

1.

2.

3.

4.

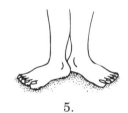

5.

6.

1. Nosotros _____.

2. Tú _____.

3. Yo _____.

4. El Sr. Marino _____.

5. Uds. _____.

6. Mis padres _____.

Repaso

The present tense of the verb **poder**

yo	**puedo**	nosotros(as)	**podemos**
tú	**puedes**	vosotros(as)	**podéis**
él ella Ud. }	**puede**	ellos ellas Uds. }	**pueden**

L. **No, pero…** Indicate that you and your friends are not able to do the suggested activity. Then suggest an alternate activity that you can do.

MODELO: ¿Va a visitar Eduardo a sus abuelos? / escribir una carta

Eduardo no puede visitar a sus abuelos, pero puede escribir una carta.

1. ¿Va a ir en metro? / ir a pie

_____

_____

2. ¿Quieren Uds. ver los fuegos artificiales? / ir al centro

_____

_____

3. ¿Va a cantar Teresa? / bailar

_____

_____

4. ¿Quieren tomar un taxi Fernando y Julio? / ir en metro

_____

_____

5. ¿Vais a escuchar la radio? / estudiar

_____

_____

M. **Pues, yo…** Using the expressions given below, write six sentences that tell how you get around town. Use at least one expression from each column in each of your sentences. Use as many of the words and expressions as you can.

a menudo	ir	en autobús	al centro
de vez en cuando	llegar	en metro	al…
rara vez	venir	en taxi	a la…
nunca	estar	en coche	a los…
una vez al año		en bicicleta	a las…
cada sábado		a pie	

MODELO: *Cada sábado yo voy al parque a pie. A menudo yo vengo en autobús a la escuela y, de vez en cuando, llego a la escuela en el coche de mi papá.*

1. _____
   _____

2. _____
   _____

3. _____
   _____

4. _____
   _____

5. _____
   _____

6. _____
   _____

N. **¡Sí… ! ¡No… !** You don't like to answer with a simple yes or no. Use one of the following expressions to begin your response to a friend's questions: **de acuerdo, claro que sí, por supuesto, es imposible,** or **no, no puedo (puede,** etc.). Finally, add a question to your response.

MODELO: ¿Tienes ganas de ir al concierto?

¡Claro que sí! Me gustan mucho los conciertos.

¿Cuándo vamos?

1. ¿Vas a visitar la universidad?

   _____
   _____

2. ¿Quieren venir a la fiesta tus amigos?

   _____
   _____

3. ¿Prefieren Uds. mirar televisión?

_____

_____

4. ¿Quiere Manolo ver los fuegos artificiales?

_____

_____

5. ¿Tienes ganas de escuchar discos compactos?

_____

_____

CAPÍTULO ONCE

VAMOS A TOMAR EL METRO

Vocabulario

Para charlar

Para tomar el metro

bajar
cambiar
¿En qué dirección?
Cambiamos en Sol.
Bajamos en Plaza de España.

Para hablar del futuro

pensar + *infinitive*
preferir + *infinitive*
querer + *infinitive*
esta semana
este mes
este año
el mes (el año, la semana) entero(a)
la semana próxima
el mes próximo
el año próximo
mañana (el sábado, el domingo, etc.) por la mañana
por la tarde
por la noche

Temas y contextos

El metro

un billete sencillo
un billete de diez viajes
un metrotour de tres días
un metrotour de cinco días
una entrada
una estación de metro
una línea
un plano del metro
una taquilla
una tarjeta de abono transportes

Vocabulario general

Otras palabras y expresiones

ahora
barato
como de costumbre
especial
un horario
jugar (al tenis)
otra cosa
sin límite

A. **¡Leamos!** In order to know what options you will have for getting around Madrid, read the following description of different transportation services available there. Answer the questions on the following page *in English*.

Móntate en Madrid

Con el **Plano de los Transportes de Madrid** es más fácil viajar por todo Madrid.

El **Plano de los Transportes de Madrid** le facilita toda la información sobre las líneas de transporte (Metro, autobuses y tren) dentro del municipio de Madrid, sobre una base actualizada del casco urbano, incluyendo:

 La red de líneas de autobuses de la EMT de Madrid, con el recorrido de las líneas, cabecera y terminal, completando la información de plano con:

– El plano esquemático de la red de autobuses nocturnos.

– El esquema de los itinerarios de las líneas de autobuses (incluidas las líneas especiales, nocturnas y microbuses), indicando los principales puntos de paso y las correspondencias con estaciones de Metro.

– El horario de las líneas: intervalo de servicio y horario del primer y último servicio.

 La red de Metro, con el trazo de sus líneas y la localización de las estaciones, completando la información contenida en el plano con:

– El plano esquemático de la red de Metro.

– Los horarios de servicio, indicando el intervalo medio entre trenes en las distintas líneas, para diferentes períodos horarios del día, en días laborables, sábados y festivos de invierno y verano.

 La red ferroviaria de cercanías dentro de Madrid, con el trazado de sus líneas y las estaciones, completando la información en el reverso con:

– El plano esquemático de la red ferroviaria de viajeros de la Comunidad de Madrid, con la zonificación tarifaria.

– La relación de las estaciones ferroviarias en el municipio de Madrid, con indicación de las líneas ferroviarias en que se encuentran, así como de las conexiones con las líneas urbanas de transporte de Metro y EMT.

 Las terminales y estaciones de las líneas interurbanas de autobuses, con sus códigos correspondientes, completando la información en el reverso con:

– La relación de terminales y estaciones de autobuses con indicaciones de las líneas interurbanas de autobuses y empresas transportistas, así como de las conexiones con otros modos de transporte: Metro, EMT y Renfe.

Si desea más información, llame al Servicio de Información de Transportes (SIT). Teléfono 597 33 93: laborables de 9,00 a 19,00 horas, y sábados de 9,00 a 15,00 horas.

1. What means of public transportation are available?

   _____

2. What is **el plano de los transportes de Madrid?** What general information does it

   give? _____

   _____

3. In reading about **la red de metro,** what information is offered about scheduled

   service? _____

   _____

   _____

   _____

4. What is the basic difference between **la red de metro** and **la red ferroviaria de cercanías dentro de Madrid?** (Look closely at the symbols to see if they might help.)

   _____

B. **¡Tome el metro!** Look at the map of the metro on p. 259 of the textbook. Explain to the
   people indicated how to use the **metro** to get from the first station listed to the second.
   Use the verbs **tomar, bajar,** and **cambiar.**

   MODELO: tu amigo francés Jules / Chamartín (8) > Avda. América (6)

   Para llegar a Avenida América, tomas la dirección Nuevos

   Ministerios. Cambias de tren en Nuevos Ministerios, dirección

   Laguna. Bajas en Avenida América.

1. tu amiga alemana Greta / Atocha (1) > Príncipe de Vergara (9)

   _____

   _____

   _____

   _____

2. un transeúnte *(a passerby)* / Ópera (2) > Ciudad Lineal (5)

_____

_____

_____

_____

3. tus padres / Pacífico (1) > Retiro (2)

_____

_____

_____

_____

4. tu amigo argentino Alejandro / Tirso de Molina (1) > Plaza de España (3)

_____

_____

_____

_____

Repaso

Adverbs that designate the present and the future

hoy	**mañana**
ahora	**esta tarde**
esta semana	**la semana próxima**
este mes	**el mes próximo**
este año	**el año próximo**
esta mañana	**esta noche**
mañana por la mañana	**mañana por la tarde**
mañana por la noche	

C. **Los planes de Antonio** Using the calendar below as a guide, make a list of Antonio's vacation plans for the next two weeks. Today is June 6.

MODELO: El jueves por la mañana *él va a ver a unos amigos*_____.

JUNIO						
lunes	martes	miércoles	jueves	viernes	sábado	domingo
		1	2	3	4	5
la mañana: 6 trabajar en casa; la tarde: ir al centro; la noche: ir al cine con amigos	visitar el 7 museo	la tarde: dar 8 un paseo en el parque; la noche: comprar unas cintas	la mañana: 9 ver a unos amigos; la noche: ir a la discoteca	ir a la 10 biblioteca y leer	la mañana: 11 escribir a amigos; la tarde: descansar; la noche: mirar televisión	la maña-12 na: ir a la iglesia; la tarde: comer con la familia en el Restaurante Trafalgar
13 ir de compras	14 ir a Inglaterra	15	16	17	18	19

1. Esta mañana _____

_____.

2. El jueves por la noche _____

_____.

3. Esta tarde _____.

4. La semana próxima _____

_____.

5. El lunes próximo _____.

6. Esta noche _____.

7. El domingo por la mañana _____

_____.

8. El miércoles por la tarde _____

_____.

Capítulo once   **Vamos a tomar el metro**   **141**

D. **Mis actividades** Now make a list of eight activities that you are planning for the next two weeks or so. Use a time expression (**esta noche, mañana por la mañana, el lunes próximo,** etc.) in each sentence.

MODELO: *El viernes próximo voy a ir al cine por la noche.*

1. _____

2. _____

3. _____

4. _____

5. _____

6. _____

7. _____

8. _____

SEGUNDA ETAPA

E. **¡Leamos!** As you will be staying in Madrid for a while, you inquire about the possibilities for reduced fares on the **metro** system. Read the following offer and answer the questions on the next page *in English*.

Abono Transportes

Con el Abono Transportes puede viajar por todo Madrid.
En tren, autobús y Metro. Sin límites dentro de la zona de validez.
Cuando lo desee y cuantas veces quiera.
Sin tener que pagar en cada viaje. Sin tener que hacer colas.

El Abono Transportes consta de: — Tarjeta de Abono.
 — El cupón mensual o anual.

ZONA VALIDEZ

Nº ABONADO

MES DE VALIDEZ

La Tarjeta de Abono es personal y de carácter permanente; lleva el nombre y apellidos del abonado, su número de DNI, su fotografía y el número de abonado.

— Las tarjetas de los Abonos mensuales se adquieren en los estancos rellenando la hoja de solicitud correspondiente; en los casos del Abono Joven y Tercera Edad, se deberán acreditar los requisitos de edad debidamente.

— La tarjeta del Abono Anual se adquiere en las oficinas del Consorcio de Transportes de Madrid (Orense, 11, 9.ª planta).

El cupón deberá llevar escrito el número de abonado, que tiene que coincidir con el de la tarjeta. El cupón sólo será válido si lleva escrito dicho número y va acompañado de la Tarjeta correspondiente.

— Los cupones mensuales se pueden adquirir en los estancos, en las taquillas de Metro y en las casetas de la EMT.

— El cupón anual se adquiere en el Consorcio de Transportes junto con la tarjeta.

TIPOS DE ABONO TRANSPORTES
Abono Normal (mensual)
Abono joven, menores de 18 años
Abono Tercera Edad, mayores de 65 años
Abono Anual

Capítulo once **Vamos a tomar el metro** **143**

1. Why would someone be interested in buying an **Abono Transporte?** What are its advantages? List three. _____

_____

2. What are the two different cards that comprise the **Abono Transporte?**

_____

_____

3. Why does the **Tarjeta de Abono** have **el nombre y apellidos del abonado?** Is this a mistake? _____

_____

4. Besides the regular monthly and yearly **Abono,** what other two kinds of **Abono** are there? Who would be able to use them?_____

_____

F. **¿Qué deben comprar?** Based on the following statements, indicate what type of **metro** ticket would be best suited for each situation. Refer to page 268 of the textbook if you need to review the different kinds of tickets.

MODELO: Un amigo va al centro para escuchar un concierto. Por la noche va a casa en el coche de su amigo. Va en metro rara vez.

Él debe comprar un billete. _____

1. La Sra. Courtois, amiga francesa de tu madre, va a estar en Madrid por un año y desea visitar muchos sitios *(places)*. Ella tiene 67 años.

_____

2. Un estudiante en la universidad no tiene clases este mes pero de vez en cuando tiene que ir a la biblioteca para estudiar. Piensa ir cinco días.

_____

3. Una mujer de negocios acaba de venir a Madrid desde Barcelona. Va a trabajar cuatro semanas en el mes de octubre.

_____

4. Una prima mexicana de Pedro va a estar con su familia desde el lunes por la mañana hasta el jueves por la noche.

_____

Repaso

The present tense of the verb **pensar**

yo	**pienso**	nosotros(as)	**pensamos**
tú	**piensas**	vosotros(as)	**pensáis**
él		ellos	
ella }	**piensa**	ellas }	**piensan**
Ud.		Uds.	

Remember that to talk about future plans in Spanish you may use **pensar** + *infinitive* *(to plan to)*.

G. **Usualmente, sí... hoy, no** Use the cues to ask if the person indicated is planning to do the activity listed. Then respond by stating that although the person usually does that, today he or she plans to do something else. Answer the questions on the basis of the drawings and follow the model.

MODELO: David / ir al cine / el viernes

¿Piensa David ir al cine el viernes?

Usualmente va al cine los viernes, pero este viernes piensa leer.

1. tu hermano / tomar el autobús / el lunes

_____

_____

_____

2. Lena / ver a sus amigos / el sábado por la noche

_____

_____

_____

3. tu hermana y tu hermano / estudiar / el jueves

_____

_____

_____

4. tus padres / trabajar / el martes

_____

_____

_____

¿CÓMO VAMOS?

Vocabulario

Para charlar _____

Para ir al centro

¿Cuánto tarda para llegar a… ?
Tarda diez minutos, como máximo.
Esto es para Ud., señor (señora, señorita).
Muchas gracias.

Para viajar

Aquí estoy para servirles.
¿En qué puedo servirles?
Queremos planear un viaje.
¿Cuánto cuesta un viaje de ida y vuelta en avión?
¿En tren?
Es mucho. Sólo tengo 2.500 pesetas.

Para hablar de sus planes

esperar + *infinitive*

Temas y contextos _____

Otros números

cien
ciento
doscientos(as)
trescientos(as)
cuatrocientos(as)
quinientos(as)
seiscientos(as)
setecientos(as)
ochocientos(as)
novecientos(as)
mil
un millón

Los viajes

una agencia de viajes
en avión
en taxi
en tren
billete de ida y vuelta
kilómetro
milla
propina

Vocabulario general _____

Adjetivos

famoso(a)
hermoso(a)
nuevo(a)

Sustantivos

el cambio
la encuesta
la playa

Verbos

discutir
pagar
pensar (ie)

Otras palabras y expresiones

algún día
o
Pregúntales a los otros.
si

PRIMERA ETAPA

A. **¡Leamos!** Read the business card below, then answer the questions that follow.

```
┌─────────────────────────────────────────────┐
│                                               │
│      TAXIS ACACYA de R. L.                    │
│         MICROBÚS COLECTIVO                     │
│   Precio ₡ 7.00. Hora de salida: de San Salvador a │
│   Aeropuerto 6.00 a.m., 7.00 a.m., 12.00 p.m. y 3.00 p.m. │
│                                               │
│   Oficina en San Salvador:        Tels. 25-9137 │
│   1a. Diagonal, Edificio Luz No. 5      25-7768 │
│   Aeropuerto:                     Tel. 24-6981 │
│           SERVICIO DE TAXI                     │
│                                               │
└─────────────────────────────────────────────┘
```

1. What is the name of this business?

2. What country is the business located in?

3. How much does it cost to use the **microbús colectivo** or **servicio de taxi?** (Hint: The monetary unit is **colones.**)

4. At what time does the **microbús colectivo** go to the airport and what number should you call to make arrangements?

5. Based on the information contained in this card and the facts you learned about taxis in your textbook, how do you think a **microbús colectivo** service is different from a taxi service?

B. **En autobús** Read the schedule for bus service between Madrid and Salamanca. The route makes stops at several cities and towns. Tell how long it takes to get from one city or town to another.

HORARIO PASADA POR POBLACIONES
Servicio: MADRID a SALAMANCA (POR ARÉVALO)

		Diario	Diario	Diario	Diario	Diario	Diario excepto sábados
SALIDA DE	MADRID	8,30	10,30	13,30	17,30	20,00	22,00
"	Villacastín	9,42	11,42	14,42	18,42	21,12	23,12
"	Labejos	9,53	11,53	14,53	18,53	21,23	23,23
"	Sanchidrián	9,59	11,59	14,59	18,59	21,29	23,29
"	Adanero	10,05	12,05	15,05	19,05	21,35	23,35
"	Gutierremuñoz	10,10	12,10	15,10	19,10	21,40	23,40
"	Arévalo	10,30	12,30	15,30	19,30	22,00	24,00
"	Aldeaseca	10,38	12,38	15,38	19,38	22,08	00,08
"	Villanueva del Aceral......	10,41	12,41	15,41	19,41	22,11	00,11
"	Barromán	10,49	12,49	15,49	19,49	22,19	00,19
"	Madrigal de las A. Torres	10,56	12,58	15,56	19,56	22,26	00,26
"	Rasueros.....................	11,04	13,04	16,04	20,04	22,34	00,34
"	Rágama	11,11	13,11	16,11	20,11	22,41	00,41
"	Paradinas de San Juan	11,15	13,15	16,15	20,15	22,45	00,45
"	Peñaranda de Bracamonte	11,25	13,25	16,25	20,25	22,55	00,55
LLEGADA A	SALAMANCA...............	12,00	14,00	17,00	21,00	23,30	01,30

MADRID, ENERO

INFORMACIÓN Y VENTA DE BILLETES EN:
MADRID
CENTRAL: C/. Fernández Shaw, nº 1 - Teléfs. 251 66 44 - 251 72 00
DESPACHO AUXILIAR: C/. Salud, nº 21 - Teléf. 221 90 85
DESPACHO AUXILIAR: ESTACIÓN SUR DE AUTOBUSES: C/. Canarias, nº 17 - Teléf. 230 31 74
Existe una tarifa especial de ida y vuelta.
Igualmente, hay una tarifa especial para militares (sin graduación) en permisos de fines de semana.

MODELO: Madrid / Villacastín

Tarda una hora y doce minutos en llegar. _____

1. Madrid / Adanero

_____

2. Gutierremuñoz / Arévalo

_____

3. Arévalo / Barromán

_____

4. Rasueros / Paradinas de San Juan

_____

5. Madrid / Salamanca

_____

C. **¿En tren o en taxi?** You have just missed the 6:50 train from Madrid's Atocha Station that would have arrived at 7:23 at Pinar de las Rozas. Since you are in a rush and can't wait for the next train at 7:33, you make arrangements to take a taxi. Complete the following conversation with the taxi driver.

TÚ: ¡Taxi! ¡Taxi!

EL CHOFER: ¿Señor? ¿Adónde _____?

TÚ: A _____. El tren tarda _____ minutos en llegar.

¿Cuánto _____ en taxi?

EL CHÓFER: Cuarenta y cinco... cincuenta _____.

TÚ: Y el precio, ¿_____, señor?

EL CHÓFER: Novecientas _____, señor.

(Más tarde)

EL CHÓFER: Señor, ya llegamos.

TÚ: Aquí tiene un _____ de mil.

EL CHÓFER: Aquí tiene _____, cien pesetas.

TÚ: Las cien pesetas son _____, señor.

EL CHÓFER: Muchas gracias, señor.

Repaso

The numbers from 100 to 1,000,000

100	cien	600	seiscientos(as)
101	ciento uno	700	setecientos(as)
102	ciento dos	800	ochocientos(as)
200	doscientos(as)	900	novecientos(as)
300	trescientos(as)	1,000	mil
400	cuatrocientos(as)	2,000	dos mil
500	quinientos(as)	1,000,000	un millón
		2,000,000	dos millones

D. **La población** You are planning a trip to Spain, but you are not sure if the places you intend to visit are large cities or small towns. You look in an encyclopedia and write out the number for the population of the following cities and towns.

MODELO: Sevilla / 590.235

Sevilla: quinientas noventa mil, doscientas treinta y cinco personas.

1. Valderrobres / 1.950

_____

2. Valladolid / 287.230

_____

3. Molina de Aragón / 3.940

_____

4. Madrid / 3.201.234

_____

5. Barcelona / 1.754.714

_____

6. Alquízar / 307

_____

7. Mérida / 38.319

_____

E. **Tarifas de cercanías** *(Local fares)* Read the rates for local (up to 130 km.) train travel. Tell how much different tickets would cost.

TARIFAS DE CERCANIAS
TARIFA GENERAL Y TARIFAS ESPECIALES
(en vigor a partir del 9-2-96)

Recorrido	Billete sencillo	Billete ida y vuelta	Abono mensual	Tarjeta Dorada
Km.	Pesetas	Pesetas	Pesetas	Pesetas
Hasta 10	35	55	880	20
De 11 a 15	50	70	1 140	25
De 16 a 20	65	100	1 580	35
De 21 a 25	85	130	2 020	40
De 26 a 30	105	155	2 455	50
De 31 a 35	125	185	2 895	60
De 36 a 40	145	215	3 330	70
De 41 a 45	160	240	3 770	80
De 46 a 50	180	270	4 210	90
De 51 a 55	200	295	4 645	100
De 56 a 60	215	325	5 085	110
De 61 a 65	235	350	5 525	120
De 66 a 70	255	360	5 960	130
De 71 a 75	270	405	6 400	135
De 76 a 80	275	415	—	140
De 81 a 85	295	440	—	150
De 86 a 90	315	470	—	160
De 91 a 95	330	495	—	165
De 96 a 100	350	520	—	175
De 101 a 105	375	560	—	—
De 106 a 110	390	585	—	—
De 111 a 115	410	610	—	—
De 116 a 120	425	635	—	—
De 121 a 125	445	665	—	—
De 126 a 130	460	690	—	—

En los itinerarios figuran las distancias kilométricas comerciales.

billete de ida y vuelta: round-trip ticket
abono mensual: monthly pass
tarjeta dorada: gold card (for senior citizens)

MODELO: billete sencillo / de 25 a 30 km

ciento cinco pesetas

1. billete de ida y vuelta / de 36 a 40 km

2. abono mensual / hasta 10 km

3. billete sencillo / de 121 a 125 km

4. tarjeta dorada / de 51 a 55 km

5. abono mensual / de 61 a 65 km

SEGUNDA ETAPA

F. **Modos de transporte** *(Means of transportation)* The following description of different transportation services available in Madrid is from the **Plano Monumental**, which provides maps and information about the city. Read the selection and then answer the questions that follow *in English.*

Desplazarse por Madrid

Autobús. El horario de autobuses es de 6 de la mañana a las 12 de la noche. Durante la noche hay un servicio mínimo que tiene su salida desde Plaza de Cibeles. Desde las 12 de la noche hasta las 2 h., cada 30 minutos. Desde las 2 hasta las 6, cada hora. Teléfono de información: 401 99 00.

Taxi. Para información del usuario, los taxis llevan en lugar visible la tarifa de precios y los suplementos.
Radio Teléfono Taxi: Teléfono 247 82 00
Radiotaxi: Teléfono 404 90 00
Teletaxi: Teléfono 445 90 08

Automóvil. Si decide conducir su propio coche, o alquilar uno, debe tener en cuenta la O.R.A., es un control de aparcamiento en las zonas céntricas de la ciudad, por el cual hay que abonar una tasa de aparcamiento por cada media hora, con un máximo autorizado de hora y media. Las tarjetas se pueden adquirir en cualquier estanco de la ciudad. Teléfono de información: 447 07 13.

Metro. El horario, de 6 de la mañana a la 1:30 de la noche. Teléfono de información: 435 22 66. Para el turista hay unos billetes valederos para tres o cinco días.

---

1. If you need information about any of the services, how can you get that help?

   _____

2. If you are taking a taxi, where will you see the prices posted?

   _____

3. Between what hours is there no subway service?

   _____

4. If you plan on taking the bus after midnight, how long might you have to wait?

_____

5. For those who drive a car in Madrid and plan to park in the downtown area, what is the maximum time allowed to park there?

_____

Repaso

Expressions for discussing plans

> **esperar** + *infinitive*
> **ir** + **a** + *infinitive*
> **pensar** + *infinitive*
> **querer** + *infinitive*

G. **Los sueños y la realidad** *(Dreams and reality)* What you hope, want, or intend to do and what you actually end up doing are often very different things. Based on the drawings, tell how each person's dreams compare with reality.

MODELO: ¿Qué quiere hacer Jaime esta noche? ¿Qué va a hacer?

Él quiere ir a la discoteca con sus amigos, pero va a mirar la televisión con su familia.

1. ¿Qué piensa hacer Adela el viernes por la noche? ¿Qué va a hacer?

_____

_____

2. ¿Adónde espera ir Miguel el mes próximo? ¿Adónde va a ir?

_____

_____

3. ¿Qué tiene ganas de hacer Andrés esta tarde? ¿Qué va a hacer?

_____

_____

4. ¿Qué coche quieren comprar los padres de Luis? ¿Qué coche van a comprar?

_____

_____

5. ¿Qué piensan hacer los estudiantes esta noche? ¿Qué van a hacer?

_____

_____

H. **El futuro** Different people have different plans and dreams for the future. Using the suggested expressions, write **three** sentences for each situation given. Tell about (a) your best friend **(mi mejor amigo[a]),** (b) your parents, and (c) yourself.

MODELO: esta noche / tener ganas de

   a. _Esta noche mi amiga Beth tiene ganas de ir al cine._

   b. _Esta noche mis padres tienen ganas de ir a un restaurante._

   c. _Esta noche yo tengo ganas de ir de compras._

1. mañana / ir

   a. _____

   b. _____

   c. _____

2. el año próximo / querer

   a. _____

   b. _____

   c. _____

3. algún día / esperar

   a. _____

   b. _____

   c. _____

4. los viernes / preferir

    a. _____

    b. _____

    c. _____

5. este año / pensar

    a. _____

    b. _____

    c. _____

Una cuestión de transporte

Read the following description of one Madrid family's daily experiences with getting around the city.

La vida en la ciudad española es a menudo muy complicada en cuanto al transporte. ¿Se toma el coche, el autobús o el metro para ir al trabajo? ¿Van a pie a la escuela los niños? El ejemplo siguiente nos muestra esas complicaciones y las decisiones que tiene que tomar la familia Ramos todos los días.

Los Ramos son madrileños, pero no viven en el centro. Ellos tienen una casa pequeña en las afueras, en el pueblo de Majadahonda, a unos diez kilómetros del centro. El señor Ramos es ingeniero y trabaja en el centro, y la señora Ramos es profesora en un colegio al otro lado del pueblo. La hija está en la escuela primaria, mientras que los dos hijos están en la escuela secundaria. ¿Qué hacen el lunes por la mañana?

El señor Ramos es el primero en salir de casa. Cuando tiene tiempo, toma el autobús a Pueblo Nuevo y allí toma el metro. Toma la dirección Aluche, cambia de tren en Gran Vía y toma la dirección Cuatro Caminos. Baja en Ríos Rosas, muy cerca de donde trabaja. Desde allí, va a pie y en cinco minutos llega a su oficina. Algunas veces, el señor Ramos tiene que conducir su coche. Él toma una carretera periférica para evitar los tapones del centro del pueblo. Aun así él prefiere no conducir el coche, porque hay mucho tráfico a esas horas de la mañana, que es la hora punta, y llega a la oficina muy agitado.

La señora Ramos también toma el autobús, pero es un recorrido menos complicado que el de su esposo. Algunas veces ella sale de casa con su esposo, pero en general prefiere acompañar a su hija Angelita a la escuela. La escuela primaria no está muy lejos de su casa y pueden ir a pie. Sólo tardan diez minutos en llegar. Ella continúa a pie hasta la parada del autobús, a dos bloques de la escuela y tarda quince minutos en llegar. Sus dos hijos mayores van a la escuela secundaria y tienen que tomar el autobús porque su escuela está bastante lejos de la casa.

Al final del día todos llegan a casa muy cansados. Mañana por la mañana ellos van a hacer lo mismo. Por lo menos, el sistema de transporte público es muy eficiente en Madrid y en los alrededores de la ciudad. Los Ramos son una típica familia española. Casi todos los días sus actividades dependen del autobús o del metro.

A. **La palabra y el contexto** On the basis of the context and with the help of the hints, guess the meaning of the words in boldface. Write your answers *in English.*

1. "Los Ramos son **madrileños,** pero no viven en el centro. Ellos tienen una casa pequeña en **las afueras,** en el pueblo de Majadahonda, a unos diez kilómetros del centro." If they don't live in **el centro** of Madrid, where might they logically live? If they live close to the city, what might **madrileños** mean?

_____

_____

2. "Él toma una **carretera periférica** para **evitar** los **tapones** del centro del pueblo. Aun así él prefiere no conducir el coche, porque hay mucho tráfico a esas horas de la mañana, que es **la hora punta,** y llega a la oficina muy **agitado.**" Keeping in mind the time of day he is traveling and that it is in a large, densely populated city, what do you think these terms mean?

_____

_____

_____

_____

_____

3. "Ella continúa a pie hasta **la parada del autobús,** a dos **bloques** de la escuela y tarda quince minutos en llegar." Where do you get a bus, and how is distance to that point often described?

_____

4. "Por lo menos, el sistema de transporte público es muy eficiente en Madrid y en **los alrededores** de la ciudad." What areas are mentioned in the reading?

_____

B. **Una carta a un(a) amigo(a)** You and a friend have made plans to go downtown one week from today. Write a letter to another friend or a relative inviting him or her to join the two of you. Begin the letter with **Querido(a)...** and end it with **Hasta luego.** Include the following points.

1. Mention what day it is today and then tell what your plans are for the same day next week.
2. Invite your friend or relative to join you and your friend.
3. Explain what means of transportation you will use and why.
4. Mention two or three things you intend and hope to do in town.
5. Tell your friend or relative to call you **(Llámame por teléfono).** Specify two times (such as Monday evening and Tuesday afternoon) when you are likely to be home.

Aquí leemos **159**

_____

_____

_____

_____

_____

_____

_____

_____

C. **Juego de palabras** Unscramble the five sets of letters below to form the names of different means of transportation. Then reassemble the circled letters to form the name of a frequently used station of the Madrid **metro** system. (Hint: the answer is related to music.)

ÚTSUABO   _ _ _ Ⓞ _ _ _

EHOCC   _ _ _ _ Ⓞ

RETOM   _ _ _ Ⓞ _

AEIP   _ Ⓞ _ _

CTICBLAEI   _ _ _ _ _ _ _ _ Ⓞ

Answer: _ _ _ _ _

Tu tiempo libre

Planning Strategy

You are writing a letter to a Peruvian exchange student who will be spending the next school year with you. It will be his or her first visit to the United States. How would you respond to these questions?

1. How much free time do you usually have per week?

_____

2. What do you do on weekends? With friends? With family?

_____

_____

3. In which sport do you prefer to participate?

_____

4. Which sports do you like to watch on TV?

_____

_____

5. Do you know any Hispanic athletes? Who are they and which sport(s) do they play?

_____

_____

_____

CAPÍTULO TRECE

LOS PASATIEMPOS

Vocabulario

Para charlar

Para hablar de una acción en el pasado

anoche
anteayer
el año pasado
ayer
ayer por la mañana
ayer por la tarde

el fin de semana pasado
el jueves (sábado, etc.) pasado
el mes pasado
por una hora (un día, tres años, cuatro meses)
la semana pasada

Vocabulario general

Verbos

alquilar vídeos
andar
asistir a
caminar
cenar
comprar
escribir cartas
escuchar música
hablar por teléfono
no hacer nada

ir al cine
montar en bicicleta
nadar
pasar tiempo
perder
salir de
visitar
volver

Otras expresiones

hacer la cama
hacer ejercicio
hacer las maletas
hacer un mandado
hacer un viaje
una milla
nada
por un año
por una hora
por un mes
por unos minutos

Para charlar

alquilar un vídeo
caminar al centro
cenar con un(a) amigo(a)
comprar un disco compacto
desayunar en un restaurante
escuchar tu estéreo
hablar por teléfono
mirar televisión
pasar tiempo con tu familia
visitar a un(a) amigo(a)

Lugares adonde vamos

la biblioteca
la casa de un amigo
el centro
el cine
el concierto
la fiesta
el gimnasio
el médico
el museo
el parque
el parque zoológico
la piscina
la playa
un restaurante

PRIMERA ETAPA

A. **¡Leamos!** Read the interview with Mayim Bialik, then answer the questions that follow.

«Blossom» en español

Mayim Bialik, la protagonista del show de televisión «Blossom», está en el 4° año de español. Dice que hablar el español es muy beneficioso, especialmente en el sur de California. Le encanta el español porque «es un lenguaje hermoso».

PREFERENCIAS
Asignaturas: la biología y el español
Pasatiempos: leer, tocar el piano y la guitarra (bajo)
Deporte: el racquetball
Atleta: Michael Jordan
Programa de TV: «Northern Exposure»
Actor: Jerry Seinfeld
Música: Elvis Costello
Comida: «macaroni & cheese»
Lo que más me gusta: la ciudad de Nueva York
Lo que menos me gusta: el chisme
Los fines de semana me gusta: dormir y estar con mis amigos
Admiro a: Bill Clinton
DATOS PERSONALES:
Edad: 17 años
Lugar y fecha de nacimiento: San Diego, 12/12/75
Signo astrológico: sagitario

¿SABES...? **la asignatura:** *school subject* **el chisme:** *gossip* **el deporte:** *sport* **el fin de semana:** *weekend* **gustar:** *to like* **el pasatiempo:** *hobby* **el sur:** *the south* **tocar:** *to play*

1. Where and when was she born? _____

2. What does she like to do on weekends? _____

_____

3. Why does she love Spanish? _____

4. What sport(s) does her favorite athlete play? _____

_____

Repaso

Preterite tense of **–ar** verbs

yo	**canté**	nosotros(as)	**cantamos**
tú	**cantaste**	vosotros(as)	**cantasteis**
él		ellos	
ella	} **cantó**	ellas	} **cantaron**
Ud.		Uds.	

B. Write the appropriate form of **trabajar** for each subject given.

MODELO: El camarero _trabajó_ .

1. Uds. _____.

2. Julita _____.

3. Nosotros _____.

4. Él _____.

5. Yo _____.

6. Oscar _____.

7. Ella _____.

8. Tú y yo _____.

9. Mis padres _____.

10. Ellas _____.

11. El profesor _____.

12. Los alumnos _____.

13. Ud. _____.

14. Vosotros _____.

C. Tell what the following people did last night by completing the sentences with the appropriate **preterite** form of the verb in parentheses.

MODELO: El director _anunció_ los premios. (anunciar)

1. Mis amigos y yo _____ la televisión. (mirar)

2. ¿Uds. _____ el concurso de poesía? (ganar)

3. Ellos _____ la fiesta. (celebrar)

4. ¿ _____ tú la radio? (escuchar)

5. Yo _____ mucho. (estudiar)

D. Complete the paragraph by filling in each blank with the **preterite** form of one of the suggested verbs. Make sure that the paragraph makes sense when you are through. Use each verb only once.

tomar / tardar / visitar / comprar / descansar / viajar / mirar / escuchar / llegar

El verano pasado *(Last summer)* mi familia y yo (1)_____ a España.

El avión (2)_____ siete horas en llegar a Madrid. Mi padre

(3)_____ billetes de ida y vuelta. Durante *(During)* el viaje

transatlántico, mi hermano (4)_____ la película, pero yo

(5)_____ música. En Madrid nosotros (6)_____ el

metro a muchos sitios bonitos. Mis abuelos (7)_____ muchos museos.

Cuando nosotros (8)_____ a casa, yo (9)_____.

E. **¡Eso no es nada!** *(That's nothing!)* Your friend, Ramón, is always acting superior. He responds to everything by saying that he and his family have already **(ya)** done whatever has been mentioned. Indicate Ramón's responses to your statements.

MODELO: TÚ: Mi madre habla con el director ahora.

RAMÓN: *Mi madre ya habló con el director.* _____

1.   TÚ: Yo viajo a la Argentina el mes próximo.

RAMÓN: _____

2.   TÚ: Mi tía compra una computadora esta tarde.

RAMÓN: _____

3.   TÚ: Nosotros trabajamos mucho este mes.

RAMÓN: _____

4.   TÚ: Mis amigos ganan un premio en la fiesta del pueblo.

RAMÓN: _____

5.   TÚ: Mi hermano escucha la cinta nueva de Phil Collins.

RAMÓN: _____

F. **Hacer preguntas** (*Ask questions*) You are talking to your friend on the phone, but you have a bad connection. You have to ask your friend questions because you can't hear all of what he says. Use a word from the following list to write questions in the **preterite** based on your friend's comments.

por qué / con quién / cuántas / dónde / a qué hora / a qué dirección / qué

MODELO: —Compré una guitarra vieja para practicar en casa.

¿Qué compraste?

1. —Practicamos en el colegio.

2. —Ella necesitó un radio despertador.

3. —Jaime dobló a la derecha y no llegó al concierto.

4. —Yo canté cuatro canciones *(songs)*.

5. —Él cantó a las tres y media.

6. —Practicamos porque necesitamos cantar bien *(well)*.

7. —Paula bailó con Jorge.

Repaso

The preterite tense of the verb **hacer**

yo	**hice**	nosotros(as)	**hicimos**
tú	**hiciste**	vosotros(as)	**hicisteis**
él ella Ud. }	**hizo**	ellos ellas Uds. }	**hicieron**

Some expressions with **hacer** are:

hacer un viaje, hacer la cama, hacer las maletas

G. Complete the following sentences with the appropriate form of **hacer** in the preterite.

1. ¿Qué _____ Uds. en clase hoy?

2. Yo no _____ mucho trabajo.

3. ¿Cuántas tortillas _____ tú para la fiesta?

4. Nosotros no _____ nada hoy.

5. Mi madre _____ la maleta porque va a Costa Rica.

6. Los niños no _____ la cama.

H. **El sábado pasado** (*Last Saturday*) Using a form of **hacer,** write questions for the following responses.

MODELO: _¿Qué hizo tu abuelo?_____

Mi abuelo caminó al centro.

1. _____

Ellos tomaron el autobús.

2. _____

Yo estudié en casa de mi compañero.

3. _____

Nosotros hablamos con mis tíos.

4. _____

Ella estudió.

5. _____

Los alumnos bailaron.

SEGUNDA ETAPA

I. **¡Leamos!** Read the following article about a Spanish music duo, then answer the questions that follow.

con mucha marcha

OBK, tecno pop español

OBK son Miguel y Jordi, dos jóvenes de Barcelona que componen y tocan canciones de música tecno pop. Tienen dos discos en el mercado: *Llámalo sueño* y *Momentos de fe.* Sus canciones son melodías tocadas con aparatos electrónicos y sintetizadores. Este tipo de música es lo que se conoce como tecno pop.

Depeche Mode

En Europa el tecno triunfó durante los años 80 con grupos británicos como *Depeche Mode* o *Yazoo.* OBK son pioneros de este sonido en España. Su segundo álbum *Momentos de fe* contiene 11 temas grabados en los prestigiosos Real World Studios de Inglaterra, los estudios en los que trabaja habitualmente Peter Gabriel.

Miguel es teclados y Jordi es vocalista. Es curioso que el cantante es quien escribe la música y el teclados, por lo general, es el responsable de las letras. Llevan doce años ilusionados con llegar a ser como *Depeche Mode.* De hecho, OBK, proviene de *Oberkorn,* título de una canción de *Depeche Mode.*

Este año tuvieron muchísimo éxito tocando en directo. "Queremos demostrar que los grupos de tecno pop tienen también mucho que ofrecer en directo. No somos muertos tocando aparatos electrónicos", dice Jordi.

"El tecno es algo muy nuevo en España. Sólo el grupo Mecano en sus primeros discos estaba cercano al tecno. Nosotros hacemos música electrónica muy caliente, nuestras canciones también se pueden tocar con un bajo, una guitarra y una batería", explica Miguel.

palabras
grabar - to record enregistrer el teclados - keyboard player
- le claviste el vocalista - singer le chanteur el bajo - bass
- la basse la batería - drums - la batterie

1. What city are Miguel and Jordi from? _____

2. What kind of music do they play? _____

3. Do you like it? Why or why not? _____

_____

4. What type of music do you prefer? Why? _____

_____

5. Who writes their songs? _____

6. Is this type of music popular in the United States? _____

7. Name a few of your favorite groups and tell what kind of music they play.

_____

_____

_____

Repaso

The preterite of **–er** and **–ir** verbs

yo	**comí**	nosotros(as)	**comimos**
yo	**viví**	nosotros(as)	**vivimos**
tú	**comiste**	vosotros	**comisteis**
tú	**viviste**	vosotros	**vivisteis**
él		ellos	
ella }	**comió**	ellas }	**comieron**
Ud.	**vivió**	Uds.	**vivieron**

J. Write the appropriate forms of **comprender** and **escribir** on the lines below, according to the indicated subjects.

COMPRENDER   ESCRIBIR

MODELO:

Los niños *comprendieron* .   Los niños *escribieron* .

1. Uds. _____ .   Uds. _____ .

2. Julita _____ .   Julita _____ .

3. Nosotros _____ .   Nosotros _____ .

4. Él _____ .   Él _____ .

5. Yo _____ .   Yo _____ .

6. Oscar _____ .   Oscar _____ .

7. Ella _____ .   Ella _____ .

8. Tú y yo _____ .   Tú y yo _____ .

9. Los alumnos _____ .   Los alumnos _____ .

10. Ud. _____ .   Ud. _____ .

11. Vosotros _____ .   Vosotros _____ .

K. Tell what the following people did yesterday afternoon. Use the **preterite** form of a verb from the following list to complete each sentence logically. You may use some verbs more than once.

compartir / comprender / correr / escribir / recibir / vender / salir / asistir / discutir

1. El ingeniero japonés _____ en inglés.

2. Sus primas _____ al concierto.

3. Susana _____ el sándwich con su hermano.

4. Yo _____ mi cámara porque quiero comprar otra.

5. El periodista salvadoreño _____ el problema con los políticos.

6. Nosotros _____ las entradas por el correo.

7. ¿ _____ tú en el parque?

8. Uds. no _____ bien el problema.

9. Mi hijo y yo _____ de la agencia de viajes.

10. La señora dominicana _____ una carta a su abogada.

11. ¿ _____ Ud. una carta también?

L. **Unas preguntas** (*Some questions*) You have just returned from spring break and you want to find out what happened while you were away. Use the words supplied to form questions in the preterite.

MODELO: dónde / comer / tú / con los amigos

¿Dónde comiste con los amigos?

1. cuándo / salir / él / del hospital

_____

2. qué / comer / Miguel / en Puerto Rico

_____

3. por qué / vender / Javier / su motocicleta

_____

4. quién / asistir / a la feria

_____

5. cuántos / recibir / su horario / ayer

_____

Repaso ————————————————————————————

The preterite of **ir**

yo	**fui**	nosotros(as)	**fuimos**
tú	**fuiste**	vosotros(as)	**fuisteis**
él ella Ud. }	**fue**	ellos ellas Uds. }	**fueron**

M. **Por la ciudad** Use a form of **ir** to indicate where several people went last week.

1. El médico y los enfermeros _____ al hospital.

2. El profesor _____ a la biblioteca.

3. Tú _____ a la playa.

4. Mi familia y yo _____ al parque zoológico.

5. Los Álvarez _____ a un restaurante.

6. Uds. _____ al centro.

7. La periodista _____ al concierto.

8. Yo _____ al partido de fútbol.

N. **Lo que hice ayer** *(What I did yesterday)* Use the **preterite** to write a short paragraph
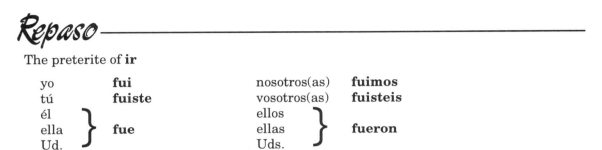
about what you did yesterday.

_____

_____

_____

_____

_____

_____

_____

_____

O. **¡Leamos!** Read the following article about two **madrileños** and their schedule. Then answer the questions *in English*.

Madrid: paso a paso

¡Oye, tíos! Somos Javier y José Carlos, tenemos 16 años y vivimos en Madrid. Vamos a llevaros de paseo por los sitios favoritos de nuestra ciudad. Vais a ver qué se puede hacer en un día de fiesta.

a) 10:00: Hoy empezamos el día con un partido de baloncesto en la Plaza de Oriente. Este deporte es muy popular entre los estudiantes.

b) 12:00: Los Jardines Sabatini se construyeron en el siglo XVIII. Son muy bonitos para pasear. ¡O para descansar después del baloncesto!

c) 13:00: El metro de Madrid es antiguo y te lleva a todas partes. Ahora vamos a comer tapas, un aperitivo muy típico español.

d) 14:00: En la Plaza de Santa Bárbara hay restaurantes al aire libre y librerías. Un buen libro es un buen amigo.

e) 17:00: Nos importa mucho la ropa. Preferimos comprar ropa importada que comprar la que lleva todo el mundo.

f) 19:00: La mejor manera de terminar un día de fiesta es ir al cine. La Gran Vía es la avenida de los cines y los teatros.

ES DECIR . . . construir: *to build* **llevar de paseo:** *visitar* **el aperitivo:** *appetizer* **al aire libre:** *fuera*

1. Why do the boys have time to sightsee in Madrid?

   _____

   _____

2. How old are they? _____

3. In which century were the Sabatini gardens constructed? _____

4. How do they get from place to place?

   _____

   _____

5. What do they eat at one o'clock?

   _____

   _____

6. How do they begin their day?

   _____

   _____

7. How do they end it?

   _____

   _____

8. What kind of clothes do they prefer to buy? Why?

   _____

   _____

9. If you had one day to spend in Madrid, which of these activities would you choose to do? Why?

   _____

   _____

   Which would you not be interested in doing? Why not?

   _____

   _____

Repaso

Words and expressions to talk about the past

ayer (por la mañana, por la tarde)
anoche
anteayer
el miércoles (viernes, etc.) **pasado**
la semana pasada
el fin de semana pasado
el mes pasado
el año pasado
por una hora (dos días, cinco meses, diez años, etc.)

P. **Lo siento, pero no tienes razón.** *(I'm sorry, but you're wrong.)* An uncle of yours always gets the facts wrong. Respond to his statements, using the cues in parentheses.

MODELO: Tú fuiste al banco anoche, ¿verdad? (ayer por la tarde)

No. Yo fui al banco ayer por la tarde.

1. Rogelio hizo la cama ayer por la tarde. (por la mañana)

   _____

2. Ana y Luisa visitaron al dentista la semana pasada, ¿verdad? (el mes pasado)

   _____

3. Nosotros comimos en el restaurante el viernes pasado, ¿verdad? (el sábado pasado)

   _____

4. Él salió del hospital anteayer, ¿verdad? (anoche)

   _____

5. Uds. viajaron a Guatemala el año pasado, ¿verdad? (el mes pasado)

   _____

6. Tu mamá fue al teatro el domingo pasado, ¿verdad? (anteayer)

   _____

Q. **Recientemente** *(Recently)* Answer the following questions about you and your family's recent activities. Be specific about when you did these activities, and give supporting details.

MODELO: ¿Hicieron Uds. un viaje recientemente?

Sí, hicimos un viaje a Disney World el mes pasado.

1. ¿Fuiste a la panadería recientemente?

   _____

2. ¿Comieron enchiladas recientemente?

   _____

3. ¿Tomaste el metro recientemente?

   _____

4. ¿Asistió tu hermana o hermano a un baile recientemente?

   _____

5. ¿Llamaste a un(a) amigo(a) por teléfono recientemente?

   _____

6. ¿Miraron tus hermanos la televisión recientemente?

   _____

Repaso

The preterite of **andar, estar, tener**

yo	**anduve**	nosotros(as)	**anduvimos**
tú	**anduviste**	vosotros(as)	**anduvisteis**
él ella Ud.	**anduvo**	ellos ellas Uds.	**anduvieron**
yo	**estuve**	nosotros(as)	**estuvimos**
tú	**estuviste**	vosotros(as)	**estuvisteis**
él ella Ud.	**estuvo**	ellos ellas Uds.	**estuvieron**
yo	**tuve**	nosotros(as)	**tuvimos**
tú	**tuviste**	vosotros(as)	**tuvisteis**
él ella Ud.	**tuvo**	ellos ellas Uds.	**tuvieron**

R. **¿Adónde fueron para hacer las compras?** Last week the car wasn't working; so the shopping had to be done on foot. Tell where you and others went to do it. Write the correct form of **andar** in the blanks.

1. Tomás _____ a la carnicería.

2. Yo _____ a la farmacia.

3. Mamá _____ al mercado.

4. Mis hermanas _____ al supermercado.

5. Josefina y yo _____ a la panadería.

6. ¿Adónde _____ tú?

S. **¿Dónde estuvieron?** Now tell where you and others were yesterday, using the appropriate form of **estar.**

1. La profesora _____ en la librería.

2. Nuestros amigos _____ en el cine.

3. Yo _____ en la piscina.

4. Mis tíos _____ en la estación de trenes.

5. Nosotros _____ en el estadio.

6. Gabriela _____ en la oficina de correos.

7. Tú _____ en la plaza, ¿verdad?

8. Vosotros _____ en la clase de español.

T. **¿Qué tuvieron?** Your family has just moved, and now nobody can find anything. Tell who had the item last by placing the correct form of **tener** in the blanks.

1. Mariluz _____ los discos compactos.

2. Los niños _____ la mochila.

3. Papá _____ la cámara.

4. Yo _____ el estéreo.

5. Tú _____ la grabadora.

6. Nosotros _____ los pósters.

U. **Lo que hicimos** *(What we did)* **ayer** Use the **preterite** to write a short paragraph about what you and your friends did yesterday.

ATAJO

_____

_____

_____

_____

_____

_____

_____

_____

CAPÍTULO CATORCE

ACTIVIDADES DEPORTIVAS

Vocabulario

Para charlar

Para hablar de una serie de acciones

entonces
finalmente
luego
por fin
primero

Para hablar del tiempo

un año
un día
una hora
un mes
un minuto
una semana

Vocabulario general

Verbos

buscar
sacar

Sustantivos

una guitarra

Otras expresiones

¿Cuánto hace que + *verb in the preterite*?
Hace + *length of time* + que + *subject* + *verb in the preterite*.
Subject + *verb in the preterite* + hace + *length of time*.

Deportes

hacer ejercicio aeróbico
jugar...
    (al) béisbol
    (al) baloncesto
    (al) fútbol
    (al) fútbol americano
    (al) golf
    (al) hockey
    (al) hockey sobre hierba
    (al) tenis
    (al) vólibol
levantar pesas
montar en bicicleta
patinar
patinar en ruedas

Deportes de verano

bucear / el buceo
caminar en la playa
ir de camping
ir de pesca / la pesca
nadar / la natación
practicar...
    el alpinismo
    el ciclismo
    el esquí acuático
    el surfing
    la vela
    el waterpolo
    el windsurf
tomar el sol

PRIMERA ETAPA

A. **¡Leamos!** Read the following advertisement that appeared in a Spanish sports magazine. Then give the English equivalents of the cognates found in the ad.

reservas

_____

botas

_____

duración

_____

goleando

_____

incluye

_____

adidas **el equipo titular**

Pasan los años. Pasan los fichajes. Pero adidas está siempre en el equipo titular. Sin reservas. A las botas de fútbol adidas se les saca el mejor partido. La mayor duración en plantilla. Ya son muchas temporadas dando pie a grandes jugadas. Centrando. Rematando. Goleando. Una gama completa de excelentes botas de fútbol. Las encontrarás en tiendas de deportes y en grandes almacenes. Inclúyelas en tu equipo. Dan mucho juego.

GOLEADORES

PRIMERA DIVISIÓN

Con veintiún goles: Zamorano (Real Madrid).

Con veinte: Kodro (3)·(Real Sociedad).

Con catorce: Suker (3) (Sevilla).

Con doce: Carlos (1) (Oviedo), Mijatovic (Valencia) y Pizzi (Tenerife).

Con once: Cuéllar (Betis)y Gudelj (3) (Celta).

Con diez: Zalazar (5) (Albacete).

Con nueve: Amavisca (Real Madrid), Esnaider (Zaragoza), Pier (Sporting) y Raducioiu (Espanyol).

Con ocho: Bebeto (Deportivo), Koeman (6) (Barcelona), Guerrero (Athletic), Ohen (Compostela) y Poyet (Zaragoza).

Now read the following column from the sports pages of a Spanish newspaper and answer the questions that follow. NOTE: Numbers in parentheses are numbers worn by players.

1. Which player had the most points?

_____

2. What team did he play for?

_____

3. Of these two teams, which one had the higher-scoring player—Barcelona or Sevilla?

_____

4. How many goals did the highest-scoring player on each of these teams have?

Zaragoza _____   Barcelona _____

Real Madrid _____

Repaso

Hace and **hace que** for expressing how long ago something occurred

Hace + *length of time* + **que** + *subject* + *verb in the preterite*
Hace dos días **que** Mariana escribió.

Subject + *verb in the preterite* + **hace** + *length of time*
Mariana escribió **hace** dos días.

To ask a question using this time expression, use the following model:
¿Cuánto + **hace** + **que** + *verb in the preterite*?
¿Cuánto hace que escribió Mariana?

B. **¿Cuánto hace que... ?** Based on the dates, tell how long ago the following activities occurred. As a reference point, assume that today is Thursday, April 11, 1991. It is 2:00 p.m.

MODELO: 1989 / él / viajar a Colombia

Hace dos años que él viajó a Colombia. _____

1. lunes, el 8 de abril, 1991 / yo / recibir la carta

_____

2. el 11 de marzo, 1991 / la señora Mendoza / comprar la cómoda

_____

3. hoy, al mediodía / nosotros / comer

_____

4. abril, 1990 / tú / ir a Chile

_____

5. jueves, el 4 de abril, 1991 / Anita y Norma / hacer un viaje a México

_____

6. 1985 / los padres de Julio / vender su casa

_____

C. **Quiero saber cuándo.** You want to know when your friends last did certain things. Write questions that would prompt the following responses.

MODELO: *¿Cuánto hace que Uds. estuvieron en Panamá?*

Hace tres años que estuvimos en Panamá.

1. _____

Hace cinco minutos que llamé por teléfono.

2. _____

Hace un día que ella estuvo en el centro.

3. _____

Hace dos semanas que ellos corrieron.

4. _____

Hace cuatro meses que Julio compró la motocicleta.

5. _____

Hace diez años que fuimos a Paraguay.

Repaso

The preterite of verbs ending in **–gar**

yo	**pagué**	nosotros(as)	**pagamos**
tú	**pagaste**	vosotros(as)	**pagasteis**
él ella Ud. }	**pagó**	ellos ellas Uds. }	**pagaron**

Other common verbs that end in **–gar** are **llegar** and **jugar.**

D. **Los detalles** *(The details)*, **por favor** Your grandmother wants to know some of the specifics about your trip. Provide her with the information by completing the following sentences with the appropriate forms of **llegar, pagar,** and **jugar.**

MODELO: Jaime *llegó* al aeropuerto a las dos, *pagó* tres dólares por el póster

y *jugó* al ajedrez *(chess)* con Paco.

1. Papá _____ al aeropuerto a las tres y cuarto de la tarde,

   _____ 10 dólares por el taxi. Después _____

   al tenis en el parque.

2. Tío Fernando y tía Bárbara _____ tarde, como de costumbre.

   _____ 90 dólares por la cámara. Entonces _____

   al tenis.

3. Yo _____ al aeropuerto en metro y _____

   dos dólares por los billetes. _____ al vólibol por la tarde.

4. Nosotros _____ a los Estados Unidos a las siete y veinticinco de

   la mañana. _____ veinticinco dólares por un taxi al hotel. La se-

   mana próxima, _____ en la playa.

E. **En las vacaciones** Your grandfather, who was unable to join you on your vacation, also
has some questions about the trip. Answer his questions, using the cues in parentheses.

MODELO: ¿A qué hora llegaron Uds. al aeropuerto? (a las dos de la tarde)

   Llegamos al aeropuerto a las dos de la tarde.

1. ¿Quién jugó al tenis? (Joaquín y yo)

   _____

2. ¿Cuánto pagaron Uds. por los billetes de ida y vuelta? (250 dólares)

   _____

3. ¿Cuándo llegaste al aeropuerto de San Juan? (el domingo por la noche)

   _____

4. ¿Dónde jugó tu hermano? (en el parque)

   _____

5. ¿Cuánto pagaste por el póster? (3 dólares)

   _____

6. ¿A qué hora llegaste a Buenos Aires? (a las cinco de la tarde)

   _____

SEGUNDA ETAPA

F. **¡Leamos!** The following is an excerpt from the sports pages of "El País", a daily newspaper in Spain. Read the headlines, then answer the following questions.

1. Where was the basketball game played?

   _____

   _____

2. Who won the tournament at Hilton Head? In what sport?

   _____

   _____

3. Which sport is covered on pages 48 and 49?

   _____

4. How many Spaniards are in the golf tournament?

   _____

5. What do you think **maestros** means in English?

   _____

   _____

6. Which of these sports would you be most interested in reading about? Why?

   _____

   _____

   _____

   _____

▲ BALONCESTO

El Estudiantes tropieza en Valladolid ante el Fórum Filatélico

PÁGINA 61

▲ GOLF

Seve, Olazábal y Jiménez, tres españoles en la cita de Maestros

PÁGINA 56 Y 57

Conchita Martínez.

▲ TENIS

Conchita Martínez gana el torneo de Hilton Head

PÁGINA 58

SUMARIO

▲ MOTOS

Crivillé vuelve a subir al podio y es 3° en el GP de Malaisia

PÁGINAS 54 Y 55

▲ FÚTBOL

La mejor factoría del mundo vuelve a funcionar: el Ajax

PÁGINAS 48 Y 49

Repaso

The preterite of verbs ending in **–car**

yo	**busqué**	nosotros(as)	**buscamos**
tú	**buscaste**	vosotros(as)	**buscasteis**
él ella Ud. }	**buscó**	ellos ellas Uds. }	**buscaron**

Some common verbs that end in **–car** are **tocar, sacar,** and **practicar.**

G. **Ya lo hicimos.** *(We already did it.)* Your friend is always talking about what he and his classmates are going to do. Tell him that you or your friends have already done those activities, using the cues in parentheses.

MODELO: Nosotros vamos a jugar al tenis mañana. (Paco y Yolanda / ayer)

   Paco y Yolanda jugaron al tenis ayer.

1. Pablo quiere tocar el violín el martes. (yo / anoche)

   _____

2. Yo prefiero practicar la semana próxima. (Pancho / la semana pasada)

   _____

3. Nosotros pensamos buscar las entradas mañana por la tarde. (nosotros / ayer)

   _____

4. Alicia va a sacar fotos *(pictures)* esta noche. (yo / anoche)

   _____

5. Nuestro equipo *(team)* piensa practicar el miércoles próximo. (mi equipo / el viernes pasado)

   _____

6. Yo pienso practicar fútbol el mes próximo. (yo / el mes pasado)

   _____

7. Teresa va a buscar los discos compactos esta semana. (yo / la semana pasada)

   _____

Repaso

Expressions used to talk about a series of actions

primero
entonces (luego)
por fin (finalmente)

H. **Mañana** Tell what the following people are going to do tomorrow, using **primero, entonces,** and **finalmente.** Use the pictures as cues.

MODELO: el hombre de negocios

Primero, el hombre de negocios va a tomar el autobús,

entonces va a ir al centro y finalmente va a trabajar.

1. mis amigas _____

_____

_____

2. Manuel _____

_____

_____

3. los Escobar _____

_____

_____

4. Blanca _____

_____

_____

5. los muchachos _____

_____

_____

I. **Ayer** Tell what these people did yesterday, using **primero, luego,** and **por fin.** Follow the model.

MODELO: Ignacio / ir a la taquilla / pagar las entradas / asistir al concierto

Primero, Ignacio fue a la taquilla, luego pagó las entradas y

por fin asistió al concierto.

1. nosotros / andar al centro / comer / discutir el problema

_____

_____

2. Marta y sus primas / salir del teatro / tomar el metro / descansar en casa

_____

_____

3. yo / buscar mi plano del metro / caminar al estadio / practicar fútbol con mis amigos

_____

_____

4. los padres de Manolo / ir al banco / comprar el nuevo auto / celebrar una fiesta

_____

_____

5. tú / no tener el libro / no hacer la tarea *(homework)* / no llegar a tiempo *(on time)*

_____

_____

6. el periodista / tomar la Calle Pimental / doblar a la izquierda / ir derecho

_____

_____

J. **Lo que hicimos ayer** Use the **preterite** to write a series of short statements about what you and your friends did yesterday. Use **primero, entonces (luego),** and **finalmente (por fin).**

1. mi hermano(a)

_____

_____

_____

2. yo

_____

_____

_____

3. el (la) profesor(a)

_____

_____

_____

4. un(a) amigo(a) y yo

_____

_____

_____

CAPÍTULO QUINCE

DOS DEPORTES POPULARES

Vocabulario

Para charlar _____

Para hablar de acciones en el futuro

esperar + *infinitive*
ir + a + *infinitive*
pensar + *infinitive*
querer + *infinitive*
quisiera + *infinitive*
tener ganas de + *infinitive*

Para hablar de acciones que están pasando ahora

ahora
ahora mismo
en este momento
estar + *verb in present participle*

PRIMERA ETAPA

A. **¡Leamos!** Read the information about Bobby Bonilla, then answer the questions in English.

1. How many languages does he speak?

   _____

2. What are the qualities that make him a good role model?

   _____

   _____

   _____

3. What was his favorite class in school?

   _____

4. What position does he play?

   _____

5. Do you have any weekend interests in common with him? Which one(s)?

   _____

   _____

   _____

   _____

Nombre y apellido: Roberto Martín Antonio Bonilla, Jr.

Lugar y fecha de nacimiento: Nueva York; 23/2/63
Idiomas: inglés y español
Equipo: Pittsburgh Pirates
Posición: «Jardín derecho»

PREFERENCIAS
Pasatiempos: Las computadoras
Deportes: El hockey y el básquetbol
Programa de televisión: Star Trek
Película: Lethal Weapon
Música: Rap
Comida: Platos latinos
Asignatura: Las matemáticas
Tres cosas que hago los fines de semana: Jugar Nintendo, estar con mi esposa e hija, escuchar música
Una persona que admiro: Mi esposa, Millie
Mi mejor cualidad: Soy honesto y trabajo mucho.
Mi sueño: ¡Jugar en el World Series y salir campeón!

6. Using context clues and other Spanish words you already know, circle the equivalent English expression for the following:

A. **nombre y apellido**

    1. first name and last name

    2. number and age

B. **fecha de nacimiento**

    1. place of birth   3. residence

    2. date of birth   4. today's date

C. **pasatiempos**

    1. hobbies   3. occupations

    2. chores   4. relatives

7. Name another Hispanic baseball player.

_____

_____

Repaso

The present progressive

estar + *present participle*

comprar — compr**ando**	yo	**estoy hablando**
correr — corr**iendo**	tú	**estás hablando**
sal**ir** — sal**iendo**	él	
	ella	**está hablando**
	Ud.	
	nosotros(as)	**estamos hablando**
leer — **leyendo**	vosotros(as)	**estáis hablando**
dormir — **durmiendo**	ellos	
	ellas	**están hablando**
	Uds.	

Some expressions you can use with the present progressive to stress that the action is in progress while you are speaking are **ahora, ahora mismo,** and **en este momento.**

B. **Lo siento, pero están ocupados** *(I'm sorry, but they're busy)* **en este momento.** Friends and neighbors are calling on the phone wanting to speak with different members of your family. Tell the caller that the person with whom they wish to speak is busy right now. Use the cues in parentheses and respond with the present progressive.

MODELO: ¿Puedo hablar con tu mamá? (trabajar / ahora)

Lo siento, pero ella está trabajando ahora.

1. ¿Puedo hablar con tus hermanos? (visitar a mis abuelos / en este momento)

2. ¿Puedo hablar con María Ángeles? (estudiar / ahora mismo)

3. ¿Puedo hablar con tu hermana? (practicar piano / ahora)

4. ¿Puedo hablar con Paula o con Raquel? (comer / en este momento)

5. ¿Puedo hablar contigo *(with you)*? (cenar con mi familia / ahora mismo)

C. **¡No, ahora mismo!** A friend is asking you about your family's plans. She thinks that various activities are going to happen in the future, but you respond that they are going on right now.

MODELO: Tus padres van a dar un paseo mañana, ¿verdad?

No. Están dando un paseo ahora mismo.

1. Rafael va a jugar al tenis el martes, ¿verdad?

2. Vas a estudiar francés el año que viene, ¿verdad?

3. Uds. van a preparar la lección la semana próxima, ¿verdad?

4. Tus hermanos van a asistir a la clase mañana por la noche, ¿verdad?

_____

5. Él va a dormir esta tarde, ¿verdad?

_____

6. Alberto va a sacar la basura *(the trash)* el sábado, ¿verdad?

_____

SEGUNDA ETAPA

D. **¡Leamos!** Read the following excerpt of an article from the sports section of a Spanish newspaper. Then answer the questions that follow.

AGENCIAS, **Hilton Head** Conchita Martínez abrió la veda. Ayer se impuso en el torneo de Hilton Head tras superar a la búlgara Magdalena Maleeva por 6-1, 6-1 y logró de esta forma el primer título del año para el tenis español. La aragonesa, que el mes pasado puso fin a su larga relación con el entrenador holandés Eric van Harpen, iniciaba de esta forma su andadura por la tierra batida. Hilton Head era el primer torneo de la temporada sobre arena en el circuito femenino.

La campeona de Wimbledon, que el día 16 cumplirá 23 años, ganó así el 21° título de su carrera deportiva. Conchita había vencido en Hilton Head el año pasado, derrotando en la final a Natasha Zvereva, a quien el sábado venció de nuevo en las semifinales por un contundente 6-1, 6-2.

1. In what country did this tournament take place?

_____

2. Who did Martínez beat to win the tournament?

_____

3. Where is this person from?

_____

4. Why was this such an important match for Martínez?

_____

5. What other major championship has she recently won?

   _____

6. Where was her last trainer from?

   _____

7. Give the English equivalents of the following cognates found in the article:

   torneo _____   forma _____

   título _____   relación _____

   circuito femenino _____

Past, present, and future times

   Present time for routine activities (present tense):
   Yo **trabajo** los fines de semana.

   Present time for actions going on at the moment of speaking (present progressive):
   Yo **estoy trabajando** ahora mismo.

   Past time (preterite tense):
   Yo **trabajé** ayer durante cuatro horas.

   Future time: **ir** + **a** + *infinitive*
   Voy a trabajar mañana.

   querer + *infinitive*   **pensar** + *infinitive*
   Yo **quiero trabajar** el sábado.   Yo **pienso trabajar** todo el día.

   quisiera + *infinitive*   **tener ganas de** + *infinitive*
   Yo **quisiera trabajar** la semana próxima.   **Tengo ganas de** trabajar el año
   esperar + *infinitive*   próximo.
   Yo **espero trabajar** el mes próximo.

E. **Mi hijo(a)** It is March, and Jennifer's mother is telling her grandmother what Jennifer is planning to do next month. Write their conversation according to the cues provided.

MODELO: el 7 / querer ir de compras

¿Qué hace Jennifer el siete?

Quiere ir de compras.

1. el 9 / esperar asistir al concierto _____

_____

2. el 11 / pensar jugar al tenis _____

_____

3. el 19 / tener ganas de viajar a México _____

_____

4. el 24 / quisiera visitar los museos _____

_____

5. el 27 / ir a salir de México _____

_____

F. **Mi calendario** A friend of yours wants to know what you are doing this month. Look at the drawings provided for each date and select the activity you are most likely to do. Then write out your conversation with your friend. Follow the model.

MODELO: jueves, el 6

¿Qué haces el seis?

Practico fútbol.

1. domingo, el 9

_____

_____

2. viernes, el 14

_____

_____

3. lunes, el 17

_____

_____

4. sábado, el 22

_____

_____

5. miércoles, el 26

_____

_____

G. **Mirar hacia atrás** (*Looking back*) Now it is June, and another friend is asking what you did in April. Refer again to the drawings in Exercise F. Write out your conversation, assuming you did something other than what you had planned. Follow the model.

MODELO: jueves, el 6

¿Qué hiciste el seis?

Estudié para los exámenes.

1. domingo, el 9

_____

_____

2. viernes, el 14

_____

_____

3. lunes, el 17

_____

_____

4. sábado, el 22

_____

_____

5. miércoles, el 26

_____

_____

H. **Muchas posibilidades** Based on the context of each sentence, supply as many answers as you can. Use the present progressive in your answers.

MODELO: Teresita _____ los discos compactos.

Teresita está comprando / está mirando / está buscando /

está escuchando los discos compactos.

1. Nosotros _____ la tarea _(homework)._

_____

_____

2. El profesor _____ un libro.

_____

_____

3. Mis hermanos _____ en el parque.

_____

_____

4. Yo _____ la guitarra.

_____

_____

5. Tú _____ una carta.

_____

_____

I. **Sumario** Write a short paragraph about different people, telling what they did yesterday, what they generally do **(todos los días),** what they are doing right now, and what they hope to do in the future.

ATAJO

1. mi madre

_____

_____

_____

_____

2. mis amigos

_____

_____

_____

_____

3. mi hermano(a) y yo

_____

_____

_____

_____

4. yo

_____

_____

_____

_____

Jóvenes ídolos españoles

A. Read the following article from "¿Qué Tal?", a magazine for non-native Spanish speakers who are learning the language. Try to understand the major points by using the Spanish you already know and by using the context to do the rest. Then answer the questions that follow.

Jesulín de Ubrique es un joven torero. Empieza a torear a los 16 años. Ahora tiene 20 años y es millonario. Dice que lo hace por el dinero. Es de una familia pobre y el dinero del toreo lo usa para ayudar a sus padres y a sus hermanos. Viven en una finca grande en el campo.

Jesulín es un fenómeno social. Es muy popular entre las mujeres. Van a sus corridas. Le tiran flores, regalos y hasta sus números de teléfono. Algunos comparan a Jesulín con toreros legendarios como Manolete, Juan Belmonte y El Cordobés. Es porque, como ellos, tiene su propio estilo y encanta al público.

Otro fenómeno entre los jóvenes es la "Julenmanía". Joven, alto, guapo, inteligente y buen deportista: así es Julen Guerrero, delantero del equipo de fútbol de Athletic de Bilbao. Tiene 22 años y combina su carrera de futbolista profesional con los estudios de periodismo.

Julen, como Jesulín, tiene muchos 'fans'. Las chicas lo esperan en las entradas de los estadios de fútbol, en los hoteles y en el aeropuerto. Es el héroe de los chicos también y todos quieren jugar como él.

Julen nace el 7 de enero de 1973 en el pueblo de Portugalete en Vizcaya, una provincia del norte de España. Tiene dos hermanos menores, de 19 y 16 años, que también juegan al fútbol. A los 8 años Julen entra en la Escuela de Fútbol de Lezama, donde se entrenan muchos de los mejores futbolistas de la región. Allí aprende todo sobre el fútbol. Sus cualidades especiales de jugador incluyen una gran visión del juego y un genio para encontrar el momento preciso para marcar goles.

Julen es uno de los mejores futbolistas de España. Es miembro de la selección nacional y representa a España en el Mundial de Fútbol en los Estados Unidos en 1994.

palabras

el torero - bullfighter - *le matador*
cuidar - to look after - *s'occuper de*
la finca - estate, ranch - *le ranch*
la corrida - bullfight - *la corrida*
tirar - to throw - *lancer*
encantar - to charm- *enchanter* **el delantero** - forward - *l'avant* **el periodismo** - journalism - *le journalisme*
entrenarse - to train - *s'entraîner* **el genio** - skill, genius - *le génie* **la selección nacional** - national squad - *l'équipe national*

1. How are Jesulín and Julen similar?

_____

2. Which one is 20 and what does he do?

_____

3. How old is the soccer player and where is he from?

_____

4. How did he improve his soccer skills?

_____

5. Name two famous bullfighters mentioned in the article.

_____

B. **Un horario** Make a calendar in which you list a different activity for each day to describe what you did last week.

lunes   _____

martes   _____

miércoles _____

jueves   _____

viernes   _____

sábado   _____

domingo   _____

C. **¡Qué ocupado estás!** Write a letter to your pen pal from Argentina; tell him or her how you plan to spend your summer vacation. Include a variety of sports and leisure time activities.

Querido(a) _____,

_____

_____

_____

_____

_____

_____

_____

_____

_____

_____

_____

_____

_____

_____

_____

_____

_____

_____

D. **¡Algo muy importante!** Fill in the blanks below with the correct response, based on the cues given. Then take the numbered letters from those answers and put them into the corresponding numbered blanks to discover the name of an important world event.

1. Vamos a... vídeos esta noche.
   __ __ __ __ __ __ __ __
           5   11

2. Me gusta mucho el...;
   la música es fantástica.
   __ __ __ __ __ __ __ __ __
           15   2

3. Levanto pesas en el...
   __ __ __ __ __ __ __ __
   7   18

4. miércoles, ..., viernes
   __ __ __ __ __ __
   4   3

5. Cuando no jugamos bien,
   ... el partido *(game)*.
   __ __ __ __ __ __ __ __
   14   6   9

6. Necesito ejercicio; voy a...
   a la escuela.
   __ __ __ __ __ __ __
   16 13

7. Me gusta montar en bicicleta;
   mi deporte favorito es el...
   __ __ __ __ __ __ __
     12 1   17

8. Michael Jordan juega...
   __ __ __ __ __ __ __ __ __
       8   10

La respuesta:

__ __ __ __ __ __ __ __ __
1 2 3   4 5 6 7 8 9

__ __ __ __ __ __ __ __ __
10 11 12 13 14 15 16 17 18

Vamos de compras

Planning Strategy

Your Spanish-speaking friend is having some difficulties dealing with shopkeepers. In particular, she wants to know how to find out prices and how to tell salespeople what she wants and needs. Suggest some phrases and sentences she might use to accomplish the following tasks:

1. *How do I respond to the question, "Can I help you?"*

   _____

   _____

   _____

2. *How do I respond if someone asks, "Will there be anything else?"*

   _____

   _____

   _____

3. *How do I find out how much something costs?*

   _____

   _____

   _____

4. *How do I express quantities?*

   _____

   _____

   _____

CAPÍTULO DIECISÉIS

VAMOS AL CENTRO COMERCIAL

Vocabulario

Para charlar

Para expresar gustos

me / te / le / les / nos encanta(n)
me / te / le / les / nos gusta(n)

Lugares para comprar

una papelería
una tienda de deportes
una tienda de discos

Para preguntar el precio

¿Cuánto cuesta(n)?
¿No está(n) en oferta?
¿Qué precio tiene(n)?

Expresiones para comprar

¿Algo más?
A sus órdenes.
Aquí tiene(n).
¿En qué puedo servirle(s)?
Es todo por hoy.
No hay más.
¿Qué necesita(n)?
Voy a llevar…

Temas y contextos

Una tienda de discos

una cinta
un disco
un disco compacto
un vídeo

Una papelería

una hoja
el papel de avión
el papel para escribir a máquina
un sobre
una tarjeta de cumpleaños
una tarjeta del Día de la Madre

Una tienda de deportes

unos esquíes
una pelota de tenis

una raqueta
unos zapatos de tenis

Vocabulario general

Sustantivos

un centro comercial
un escaparate
el precio

Adjetivos

barato(a)
bonito(a)
caro(a)
favorito(a)
suficiente

Otras expresiones

A ver.
Buen ojo.
fueron
por eso
¡Qué pena!
¡Super!

PRIMERA ETAPA

A. **¡Leamos!** You're planning to go to the **tienda de música** this afternoon to buy some gifts for friends and relatives. Several people on your list are very interested in Spanish and Latin American music. In order to find out a little more about recordings of this kind, you skim the record reviews in a Hispanic magazine. First, read the two reviews provided. Then answer the questions that follow in English.

MundodelDisco
Por José Cotón

Novedades discográficas

Por Sevillanas/
Isabel Pantoja

Excelente álbum de la Pantoja interpretándonos algunos de los temas españoles más tradicionales y que han trascendido por todo el mundo de habla hispana.

Aquí se han dado cita **EN TU CAPOTE DE SEDA, LOS TOREROS DE TRIANA, GALOPAN LAS AMAPOLAS, ENTRE LOS OLIVARES** y otras que serán del agrado de todos los amantes de la música española tradicional...

Exitos del Cha-Cha-Cha/
Varios

He aquí los mejores 'cha cha chas' interpretados por algunas de las mejores orquestas que lo interpretaron allá por la década de los años cincuenta, cuando este ritmo le dio la vuelta al mundo e hizo bailar hasta los mismísimos japoneses.

EL BODEGUERO, POCO PELO, SR. JUEZ, CACHITA, LA BASURA, LOS TAMALITOS DE OLGA Y LOS MARCIANOS son algunos de los números que forman parte de esta compilación interpretada por LA ORQUESTA ARAGON, AMERICA y ENRIQUE JORRIN.

1. What kind of music is on the album by Isabel Pantoja?

   _____

2. What words in the review of the Isabel Pantoja album lead you to understand that this music is not just popular in Spain?

   _____

3. With what decade is the **Éxitos del Cha-Cha-Cha** album associated?

   _____

4. What are the names of the three groups and/or artists featured on the cha-cha album?

   _____

5. Which album would you be more likely to buy for a friend who loves to dance?

_____

6. Which album would you be more likely to buy for yourself?

_____

B. **En la tienda de discos** Identify the following items found in a music store.

1. _____ 2. _____ 3. _____

4. _____ 5. _____

Repaso

Expressing what someone likes or dislikes

Le gusta la música rock.
Les gusta el grupo.
Nos gusta la cinta.
A Susana le gusta el disco.
A Maribel y Esteban les encanta
 la música latina.
A Ud. le encanta la casa de música.
A Uds. les encanta el concierto.
A Roberta y a mí nos encanta el estéreo.

Le gustan la música rock y el jazz.
Les gustan los grupos.
Nos gustan las cintas.
A Susana le gustan los discos.
A Maribel y Esteban les encantan la
 música latina y el jazz.
A Ud. le encantan las casas de música.
A Uds. les encantan los conciertos.
A Roberta y a mí nos encantan los
 estéreos.

C. **¿Les gusta?** Answer the following questions affirmatively. Your answers should be brief.

MODELO: ¿A Jorge le gusta la música?

Sí, le gusta. _____

1. ¿A Uds. les gusta ir al teatro?

_____

2. ¿A Mariana le gusta el grupo?

_____

3. ¿A tu amiga le gustan las cintas?

_____

4. ¿A Cecilia y Alejandro les gusta la música latina?

_____

5. ¿A Ud. le gusta el vídeo?

_____

6. ¿A tus padres les gusta la música rock?

_____

D. **A todo el mundo** *(Everyone)* **le gusta algo diferente.** Indicate what each person or group of people likes.

MODELO: Paco / gusta / la grabadora

A Paco le gusta la grabadora. _____

1. Pilar / gustar / los conciertos

_____

2. mi hermana / encantar / el disco compacto

_____

3. Uds. / gustar / los vídeos

_____

4. Luisa y Catalina / encantar / la música clásica

_____

5. Ud. / gustar / el jazz

_____

E. **A mi familia le gusta...** Write a short letter to your friend in Ecuador, telling her what kind of music you and other members of your family like. Use the vocabulary from this unit, as well as the verbs **escuchar, mirar, ir,** and **asistir.**

_____

_____

_____

_____

_____

_____

_____

_____

SEGUNDA ETAPA

F. **¡Leamos!** You have gone to the **papelería** looking for some greeting cards. Look at the cards and answer the questions that follow.

A.

Muy Feliz Navidad y Próspero Año Nuevo

Una Navidad muy feliz
y un excelente Año Nuevo
es el sincero deseo
que estas palabras llevan,
porque en la Navidad
y siempre,
es un placer expresar
los mejores deseos
por toda la felicidad
que tanto te mereces.

B.

Un NIÑO ha nacido...

...es un acontecimiento
que todos debemos
festejar.

Felicidades a los Afortunados
Padres.

C.

Deseándoles
que disfruten
de un feliz aniversario
y que su dicha continúe
aumentando
con los años.

D.

Un saludo
que nace del corazón
y llega en tu cumpleaños
a desearte muy cariñosamente
que la vida te brinde
únicamente lo mejor...
pues una persona tan querida
y tan especial como tú
merece lo más feliz y más hermoso
todos los días.

¡Muy Feliz Cumpleaños!

1. Match the greeting cards shown to the occasions listed below.

_____ Your cousin just had a baby.

_____ It's your parents' anniversary.

_____ You want to send a Christmas card to your teacher.

_____ Your best friend's birthday is next week.

2. In which cases did the drawing help you understand the general meaning of the card?

_____

_____

3. Which words can you find in Spanish that mean the following? Use your general understanding of the cards as well as your knowledge of related Spanish words to help you answer.

   a. Christmas _____

   b. congratulations / best wishes _____

   c. wedding anniversary _____

   d. new year _____

   e. happy _____

   f. a greeting from the heart _____

G. **En la papelería** Indicate in Spanish what you bought.

   1. para darle gracias a tu mamá en su día especial _____

   2. para escribir cartas *(letters)* a amigos en Chile _____

   3. para echar a la oficina de correos *(post office)* tus cartas _____

   4. para el cumpleaños de tu hermana _____

   5. para escribir a máquina una composición _____

H. **No los tenemos** *(We don't have them)* **aquí.** A customer at the stationery store asks if the following items are sold there. Tell him where he has to go to purchase these items.

MODELO: ¿Tiene vegetales?

    —No. Tiene que ir a *un mercado* .

   1. ¿Tiene libros? —No. Tiene que ir a _____.

   2. ¿Tiene aspirina? —No. Tiene que ir a _____.

3. ¿Tiene discos compactos? —No. Tiene que ir a _____.

4. ¿Tiene flores? —No. Tiene que ir a _____.

5. ¿Tiene pan? —No. Tiene que ir a _____.

Repaso

Regular Familiar Affirmative Commands

-ar verbs	**-er** verbs	**-ir** verbs
bailar → **baila**	**beber** → **bebe**	**escribir** → **escribe**

Irregular Familiar Affirmative Commands

decir	**di**	salir	**sal**
hacer	**haz**	ser	**sé**
ir	**ve**	tener	**ten**
poner	**pon**	venir	**ven**

I. **¡Escucha!** You are taking care of your little brother for the afternoon. Use the cues provided to tell him what to do..

MODELO: comer / ahora

Come ahora.

1. tomar / la leche _____

2. salir / de la sala _____

3. escuchar / la música _____

4. escribir / las palabras _____

5. ser / bueno _____

6. venir / aquí _____

7. mirar / el programa _____

8. hacer / la tarea _____

9. leer / el libro _____

10. hablar / con tu amigo _____

11. poner / los papeles aquí _____

12. tener / paciencia _____

13. ir / a tu cuarto _____

14. descansar / en el sofá _____

15. decir / la verdad _____

J. **Consejo** *(Advice)* Your friend is telling you all her problems. Tell her what to do to change or improve her situation.

MODELO: No sé mucho de literatura. (leer)

Pues, lee más. _____

1. No salgo bien en mis clases. (estudiar) _____

2. No recibo cartas de mis amigos. (escribir) _____

3. Siempre tengo hambre. (comer) _____

4. Estoy cansada ahora. (descansar) _____

5. No toco bien el violín. (practicar) _____

6. No puedo oír *(hear)* la radio. (poner) _____

7. Siempre pierdo mi pluma. (comprar) _____

K. **¡Tantos consejos!** *(So much advice!)* Your parents want you to behave the way your friends do. As your mother tells you what each of your friends do, your father tells you to do the same. Write your father's commands.

MODELO: A Miguel le gusta trabajar.

Trabaja también. _____

1. A Adolfo le gusta llegar a tiempo. _____

2. A tus amigos les gusta ir a la biblioteca. _____

3. A Verónica le gusta cocinar *(to cook).* _____

4. A Paula y Carmen les gusta visitar a sus abuelos. _____

5. A tu hermano le gusta hacer la cama. _____

6. A Manuel le gusta compartir sus cosas. _____

7. A Conrado y Agustín les gusta sacar la basura *(trash).* _____

TERCERA ETAPA

L. **¡Leamos!** Read the following newspaper article about Swedish tennis star Bjorn Borg and his plan to return to tennis. Refer to the list of useful vocabulary only if it is necessary for your understanding of the article. Answer the questions that follow *in English*.

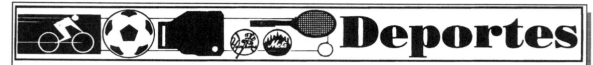

Borg volverá sólo si puede competir al máximo nivel

MILAN (AP) - El astro sueco del tenis Bjorn Borg confirmó que está considerando volver a la actividad, pero dijo que lo hará sólo si estima que puede jugar al máximo nivel.

"Volveré cuando me sienta a punto, de lo contrario no lo haré. Nadie me obliga, es un desafío que me he planteado a mí mismo", declaró Borg a la *Gazzetta dello Sport.* Borg, quien tiene 34 años y se retiró en la cima, hace ocho años, dijo que ha estado entrenando cuatro horas diarias desde hace un mes, con una raqueta de madera, de las que ya no se usan.

"Probé otras raquetas, pero me siento más cómodo con ésta. Muchos dicen que es imposible jugar con estas raquetas en el tenis actual, pero yo sé que es posible", afirmó.

"Ahora no estoy jugando bien. Pero todo es cuestión de tiempo y de entrenamiento. Soy un perfeccionista. Volveré sólo si recupero el nivel que tenía hace ocho años", expresó el tenista, que ganó cinco veces el torneo de Wimbledon y seis el Abierto de París.

Borg desmintió versiones de que necesita dinero. "La verdad es mucho más simple. Dejé el tenis porque ya no lo disfrutaba, porque quería hacer otras cosas. Ahora lo disfruto nuevamente. Me gusta entrenar por horas", señaló.

Borg pasa varios meses al año en Italia ya que está casado con la cantante italiana Loredana Berte.

Useful vocabulary: **entrenar** — to train; **madera** — wood; **probar** — to try, to sample; **actual** — current; **nivel** — level

1. How old is Borg, and how long ago did he retire?

_____

2. How many hours a day does he train? How long has he been doing this?

_____

3. What kind of racquet does Borg use? What has been the reaction to his choice of racquet? What is his response to that reaction?

_____

_____

4. Is Borg happy with the way he's been playing? What is his ultimate goal regarding his level of play?

_____

_____

M. **Aficionada** *(fan)* **a los deportes** Your sister loves sports. Complete her conversation with her friend as she plans a trip to the sporting goods store. Use the vocabulary featured in the **etapa**.

Vamos a *la tienda de deportes*. Quiero comprar unas cosas baratas y quiero ver lo

que tienen (1)_____ _____. Si la tienda está cerrada, podemos mirar todo en el

(2) _____. Marta tiene (3)_____ _____ — siempre sabe si es un buen pre-

cio o si (4)_____ demasiado. A Magdalena le gusta el tenis y quiere comprar un

par de (5)_____ _____ _____. También va a buscar

seis (6)_____ _____ _____ para jugar. A mí me gusta el

tenis también, y quisiera comprar una nueva (7)_____. Ester

prefiere esquiar y espera encontrar nuevos (8)_____ para su viaje a Por-

tillo.

Repaso ——————————————————————————————

Regular Familiar Negative Commands

-ar verbs	**-er** verbs	**-ir** verbs
bailar → no bailes	**beber → no bebas**	**escribir → no escribas**
Verbs ending in **−car (c→qu)** **no practiques**	Verbs ending in **-gar (g→gu)** **no llegues**	Verbs ending in **−zar (z→c)** **no cruces**

Irregular Familiar Negative Commands

decir	**no digas**	salir	**no salgas**
hacer	**no hagas**	ser	**no seas**
ir	**no vayas**	tener	**no tengas**
poner	**no pongas**	venir	**no vengas**

N. **Aprendiendo a conducir** Your driving instructor has several suggestions about what not to do while driving. Complete her recommendations.

MODELO: mirar los escaparates

   No mires los escaparates.

1. doblar aquí

_____

2. ir muy rápido

_____

3. cruzar a la izquierda de la calle

_____

4. escuchar la cinta

_____

5. hablar

_____

6. comer

_____

7. tener miedo *(to be afraid)*

_____

8. poner la radio

_____

9. decir malas palabras

_____

O. **Tu conciencia habla.** The weekend is coming up and you'd like to relax, but you have some work to finish first. Give the commands that your conscience might make. Follow the model.

MODELO: ir de compras / trabajar

No vayas de compras. Trabaja.

1. salir con tus amigos / leer un libro

_____

2. asistir a un concierto / escribir unas cartas

_____

3. mirar la televisión / estudiar las matemáticas

_____

4. hacer un viaje / aprender tu vocabulario

_____

5. descansar en tu cuarto / visitar a tus abuelos

_____

6. comer con tus amigos / pasar tiempo con tu familia

_____

7. escuchar tus cintas / ir a la biblioteca

_____

8. jugar al tenis / buscar tus cuadernos

_____

P. **Lo que haría yo** *(What I would do)* A friend from Nicaragua is coming to spend a week at your school. Tell her what to do and what not to do while at your school.

ATAJO

_____

_____

_____

_____

_____

_____

_____

CAPÍTULO DIECISIETE

¿CUÁNTO CUESTA…?

Vocabulario

Para charlar

Para preguntar sobre preferencias
¿Cuál prefieres…?
¿Cuál quieres…?

Temas y contextos

Cantidades
un atado de
una botella de
una docena de
50 gramos de
un kilo de
una libra de
un litro de
medio kilo de
un paquete de
un pedazo de

Productos congelados
el helado
el pescado
el pollo

Productos lácteos
la crema
un yogur

Productos varios
el azúcar
una galleta
la harina
la mayonesa
la pasta
la pimienta
la sal

Vocabulario general

Sustantivos
los alimentos
un carrito
una feria
un mercado al aire libre
un(a) vendedor(a)

Adjetivos
amarillo(a)
aquel(la)
ese(a)
este(a)
fresco(a)
lleno(a)
rojo(a)
verde

Verbos
ofrecer
pasar
regatear

Otras palabras y expresiones
además
allá
allí
aquél(la) / aquéllos(as)
cada
ése(a) / ésos(as)
éste(a) / éstos(as)
hasta
juntos
luego
para
una vez

Conservas
el aceite
una lata de atún
una lata de sopa

Frutas
una banana
una ensalada de frutas
la fresa
un limón
una manzana
una naranja
una pera
una uva

Vegetales
una cebolla
una ensalada de vegetales (verde)
un guisante
la lechuga
el maíz
una papa
un tomate
una zanahoria

PRIMERA ETAPA

A. **¡Leamos!** Read the following recipe for **gazpacho,** a cold and spicy vegetable soup from Andalucía, Spain, that is often served when the weather is hot. Refer to the list of useful vocabulary only when it is necessary for your comprehension of the recipe.

Gazpacho para cuatro personas

Ingredientes: 6 tomates de tamaño mediano
2 cebollas pequeñas
3 pepinos de tamaño mediano
2 vasos de agua
jugo de un limón
un diente de ajo

Lavar, limpiar y cortar en pedazos pequeños los tomates, cebollas y pepinos. Cortar el ajo y añadirlo a la mezcla. Después, añadir el jugo de limón y la sal. Mezclar bien. Servir bien frío.

Useful vocabulary: **lavar** — to wash; **limpiar** — to clean; **cortar** — to cut; **el pepino** — cucumber; **el ajo** — garlic; **la mezcla** — mixture

1. Which of the ingredients listed do you think are the main ingredients of the **gazpacho?**

   _____

2. Which ingredients listed do you think are the seasonings for the **gazpacho?**

   _____

3. Do you cook the ingredients to make this soup or are the ingredients raw? How do you know?

   _____

4. Based on the questions you've answered above, do you think it is difficult or easy to make **gazpacho?** Why?

   _____

   _____

B. **¡Qué variedad!** Ask how much the following fruits and vegetables cost.

1. _¿Cuánto cuestan los limones?_ _____

2. _____

3. _____

4. _____

5. _____

6. _____

7. _____

8. _____

9. _____

10. _____

11. _____

12. _____

C. **Mis preferencias** Name three fruits and three vegetables that you particularly like. Then name three of each that you dislike and two of each that you'll eat but are not really crazy about.

1. las frutas que me encantan: _____

_____

_____

2. los vegetales que me encantan: _____

_____

_____

3. las frutas que no me gustan: _____

_____

_____

4. los vegetales que no me gustan: _____

_____

_____

5. las frutas que como de vez en cuando: _____

_____

6. los vegetales que como de vez en cuando: _____

_____

Repaso ──────────────────────────────

Demonstrative adjectives

este maíz	**ese** maíz	**aquel** maíz
esta naranja	**esa** naranja	**aquella** naranja
estos limones	**esos** limones	**aquellos** limones
estas manzanas	**esas** manzanas	**aquellas** manzanas

D. **¿En qué puedo servirle?** You are shopping for fruits and vegetables. Tell the salesperson which fruits and vegetables you want. Use demonstrative adjectives to indicate if each item is near both of you, near the seller only, or far from both of you.

1. _____ cebollas

2. _____ maíz

3. _____ limones

4. _____ zanahorias

5. _____ uvas

6. _____ tomates

7. _____ manzana

8. _____ guisantes

9. _____ naranjas

10. _____ pera

11. _____ lechuga

12. _____ papas

E. **¿Cuál?** In each of the stores you visit, you make some selections. But when the shopkeepers show you your selections and ask if you like them, you change your mind and select other items. Follow the model.

MODELO: Por favor, quisiera ver ese cuaderno.
Aquí tiene. ¿Te gusta este cuaderno? (aquel)

Creo que no. Prefiero aquel cuaderno.

1. Por favor, quisiera mirar aquella cinta.
Aquí tiene. ¿Quieres esta cinta? (ese)

_____

2. Por favor, quisiera esos discos compactos.
Aquí tiene. Pero, ¿no te gustan aquellos discos compactos? Son nuevos. (este)

_____

3. Por favor, quisiera comprar aquellas pelotas de tenis.
Aquí tiene. ¿Vas a comprar estas pelotas de tenis? (ese)

_____

4. Por favor, quisiera ese vídeo.
Aquí tiene. ¿Quieres este vídeo? (aquel)

_____

5. Por favor, quisiera aquella raqueta.
Aquí tiene. ¿Te gusta esta raqueta? (ese)

_____

Repaso

Expressions of specific quantity

un kilo de	**medio kilo de**
una libra de	**50 gramos de**
un litro de	**una botella de**
una docena de	**un pedazo de**
un atado de	**un paquete de**

F. **En el mercado** Identify the quantity of each item on the next page at the market.

MODELO: *medio kilo de guisantes*

1. _____

2. _____

3. _____

4. _____

5. _____

6. _____

7. _____

8. _____

9. _____

10. _____

SEGUNDA ETAPA

G. **¡Leamos!** Read the advertisement from the Spanish supermarket Dia. In some cases, the brand name will help you with the vocabulary. Then answer *in English* the questions that follow.

Todos los productos Dia están fabricados por primeras marcas

Leche condesada Dia, 740 grs.	**219,-**
Flan de huevo baño María Yoplait, 1 ud.	**35,-**
Queso Caprice des Dieux, 200 grs.	**239,-**
Margarina Flora, 500 grs.	**175,-**
Chocolate con leche Nestlé, 150 grs.	**87,-**
Chocolatinas Raider, pack-3	**135,-**
Nesquick, 800 grs.	**359,-**
Atún blanco Dia, 111 grs.	**99,-**
Sardinas picantonas Albo, lata 120 grs.	**89,-**
Mejillones escabeche Onza de Oro, 115 grs.	**97,-**
Galletas Dia rellenas de chocolate, pack-3	**129,-**
Galletas Cookies, bolsa 500 grs.	**175,-**
Magdalenas El Zángano, largas, 12 uds.	**125,-**
Mayonesa Ybarra, 440 grs.	**139,-**
Melocotón en Almíbar Dia, 840 grs.	**99,-**
Membrillo El Quijote, 400 grs.	**69,-**

Piña Tonka, 810 grs.	**127,-**
Arroz Dia, 1 Kg.	**99,-**
Starlux, 12 pastillas	**107,-**
Filetes de merluza empanados Pescanova, 400 grs.	**249,-**
Paellas marinera Pescanova, 400 grs.	**209,-**
Zumos Dia (naranja, melocotón y piña), Brik 1 l.	**93,-**
Coca Cola, lata	**44,-**
Fanta, lata (naranja, limón)	**46,-**
Tónica Schweppes, pack-6	**229,-**
Dodot seco total, talla mediana, 60 uds.	**1.389,-**
Papel higiénico Dia, doble hoja, 6 rollos	**169,-**
Colonia Nenuco, 1 l.	**369,-**
Crema dental Colgate, familiar	**143,-**
Lejía Dia, 1,5 l.	**54,-**
Suavizante Mimosín concentrado, 1 l.	**295,-**

Marque el Tel **555 55 53** de Madrid y le indicaremos su tienda Dia más cercana

Dia

Por favor, traigan bolsa. Gracias por su colaboración.

1. Using the brand name as a cue, what does **crema dental** mean?

   _____

2. What kinds of soft drinks are listed?

   _____

3. How much do the following products cost? Remember that the prices are listed in **pesetas.**

   condensed milk   _____

   rice   _____

   milk chocolate   _____

   cheese   _____

   mayonnaise   _____

   tuna fish   _____

4. Suppose you want to prepare rice and beans. Are either of the items on sale? If so, list the item(s) and price(s).

   _____

5. Suppose you want to buy cookies on sale. Which brand would you buy? Do you have a choice?

   _____

H. **Las secciones del supermercado** Indicate in what section of the supermarket you would find the following products.

   1. una botella de leche   _____

   2. helado   _____

   3. una lata de atún   _____

   4. galletas   _____

   5. mantequilla   _____

   6. pizza   _____

I. **En el supermerado** Identify the following items found in a supermarket.

1. _____

2. _____

4. _____

3. _____

4. _____

5. _____

6. _____

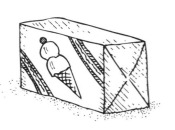

7. _____

8. _____

9. _____   10. _____

J. **¿Qué se utiliza** *(do you use)* **para preparar... ?** List at least three ingredients you need to prepare the following dishes.

MODELO: ¿Qué se utiliza para hacer un bocadillo de jamón?

Para hacer un bocadillo de jamón se utiliza pan,

mantequilla o mayonesa y jamón.

1. una ensalada verde _____

_____

2. un sándwich de atún _____

_____

3. un pastel de fresas _____

_____

4. una pizza _____

_____

5. una ensalada de frutas _____

_____

6. limonada _____

_____

7. sopa de vegetales _____

_____

Repaso

The interrogative words **cuál** and **cuáles**

¿Cuáles prefiere, las manzanas verdes o las manzanas rojas?

The words **¿cuál?** and **¿cuáles?** are used when there is the possibility of a choice within a group.

¿Cuál es tu nombre?   **¿Cuál** es tu dirección?

In some cases, in English you use the question word *what,* while in Spanish you use **cuál,** as in the examples above. Notice the idea of a choice within a group: *Of all possible addresses / names, which one is yours?:* **¿Cuál es tu dirección / nombre?**

K. **¿Cuál(es) deseas?** You go grocery shopping with your family and as you notice certain items your mother asks you to pass them to her. To be certain you pass the right ones, you ask which ones she wants. Write your questions, using the cues and following the model.

MODELO: Pasa el maíz. (grande, pequeño)

¿Cuál deseas, el maíz grande o el pequeño?

1. Pasa las uvas. (verde, rojo)

   _____

2. Pasa la cebolla. (blanco *[white]* , rojo)

   _____

3. Pasa las zanahorias. (corto *[short]*, largo *[long]*)

   _____

4. Pasa la manzana. (verde, rojo)

   _____

5. Pasa las papas. (grande, pequeño)

   _____

Repaso

Demonstrative pronouns

éste	éstos
ésta	éstas
ése	ésos
ésa	ésas
aquél	aquéllos
aquélla	aquéllas

L. **Me gusta ésta.** As you shop, you answer the shopkeepers' questions. Be sure to use a demonstrative pronoun in your answer. Follow the model.

MODELO: ¿Te gusta esta pluma? (sí)

Sí, me gusta ésta. Gracias.

¿Quieres esa manzana? (no, aquél)

No, quiero aquélla.

1. ¿Quieres ese disco compacto? (no, aquél)

_____

2. ¿Quisieras aquella revista? (no, éste)

_____

3. ¿Deseas ver esa tarjeta? (sí)

_____

4. ¿Te gustan estos sobres? (no, aquél)

_____

5. ¿Quisieras mirar aquellos zapatos de tenis? (no, ése)

_____

6. ¿Prefieres estos vídeos? (sí)

_____

7. ¿Vas a comprar esos esquíes? (no, éste)

_____

M. **¿Tirar o no?** *(To throw away or not?)* You and your brother or sister are cleaning out your room. You have to decide what you're going to keep and what you're going to throw away. The objects are in three piles.

MODELO: AQUÍ / el radio despertador (no)

No. No tires éste.

AQUÍ

1. las pelotas de tenis (no) _____

2. el plano del metro (sí) _____

3. la cinta (no) _____

4. los cuadernos (no) _____

5. la raqueta (sí) _____

MODELO: ALLÍ / el televisor (sí)

  Sí, tira ése.

ALLÍ

6. la cartera (sí) _____

7. los zapatos (no) _____

8. el póster (sí) _____

9. la grabadora (no) _____

10. las mochilas (no) _____

MODELO: ALLÁ / la planta

  No. No tires aquélla.

  o: *Sí, tira aquélla.*

ALLÁ

11. la alfombra _____

12. el disco compacto _____

13. los papeles _____

14. las llaves _____

15. los estantes _____

N. **Lo que compré** (*What I bought*) Your mother asked you to go to the store to buy some food. When you return home, your mother isn't around, so you leave her a note about your purchases.

1. Tell her that you went to the supermarket.

2. Explain that you bought two pounds of flour, a half-bottle of oil, ice cream, three fish, a package of cookies, and two cans of soup.

3. Tell her that you didn't buy sugar because you didn't have enough money (**bastante dinero**).

4. Tell her that you bought ice cream on sale.

5. Tell her that you're at the library and you're going to return home soon.

Mamá,

CAPÍTULO DIECIOCHO

¿QUÉ QUIERES COMPRAR?

Vocabulario

Para charlar

Para hacer comparaciones

mayor
más… que
mejor
menor
menos… que
peor

Para establecer igualdad

tan / tanto… como

Temas y contextos

Una tienda de ropa

un abrigo
una blusa
una camisa
una camiseta
una chaqueta
un cinturón
una falda
un impermeable
unos pantalones
un suéter
un vestido

Una zapatería

una bolsa de cuero
una bota
unos calcetines
unas medias
unas sandalias
un zapato
un zapato de tacón
un zapato de tenis

Vocabulario general

Sustantivos

una boutique
la moda

Verbos

llevar

Adjetivos

azul
blanco(a)
moderno(a)
negro(a)
seguro(a)

PRIMERA ETAPA

A. **¡Leamos!** Read the following letter written by a student from Chile who will be spending the year at a school in Chicago. She is writing to her host family inquiring about clothes to bring. Answer the questions that follow.

Querida familia,

No pueden imaginar cuánto espero estar con todos Uds. durante este año. Me parece que todo está en orden, menos la selección de mi ropa. La semana pasada fui de compras para buscar unas prendas nuevas, pero no pude encontrar ni un impermeable ni un abrigo. No me gustó lo que vi en los almacenes. Ya tengo varios vestidos, blusas y faldas, pero no sé si las estudiantes también llevan camisas y pantalones en el colegio. No compré camisetas porque creo que hay mejor selección en los EE.UU. Mi mamá me dice que los zapatos de tenis están muy de moda en su país. ¿Tiene razón? Quisiera otro par, pero son muy caros aquí. ¿Cuánto cuestan allí? Pienso llevar unos suéteres y dos chaquetas. ¿Qué más necesito?

Hasta pronto,

Emilia

1. Why didn't Emilia buy a coat or a raincoat?

   _____

2. What items did she not need to buy?

   _____

3. Why does she want to buy tee shirts in the United States?

   _____

4. Why didn't she buy sneakers in Chile?

   _____

B. **Las prendas de vestir** *(Articles of clothing)* Identify the following articles of clothing.

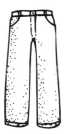

1. _____ 2. _____ 3. _____

4. _____ 5. _____ 6. _____

7. _____ 8. _____ 9. _____

10. _____

C. **¿Qué llevar?** Indicate what you would wear in the following situations. Additional vocabulary: **pantalones cortos** *(shorts)*, **corbata** *(tie)*.

MODELO: *pantalones y camisa o*

falda y blusa

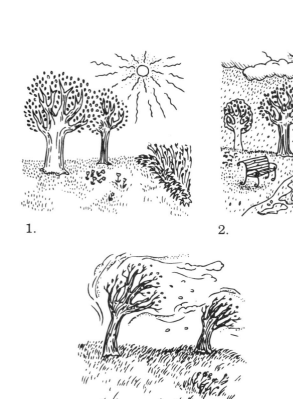

1.   2.   3.

4.   5.

1. _____

2. _____

3. _____

4. _____

5. _____

Repaso

Expressions of comparison

    más... que
    menos... que

Irregular comparatives

bueno / buen	**mejor(es)**
malo / mal	**peor(es)**
joven	**menor(es)**
viejo(a)	**mayor(es)**

D. **¿Y tu hermana?** Use the possessions indicated to compare yourself to the members of your family. Use the expressions **más... que** or **menos... que** in your answers.

MODELO: cintas / tu padre

Tengo más cintas que mi padre. _____

o: *Tengo menos cintas que mi padre.* _____

1. pósters / tu hermano

_____

2. chaquetas / tu padre

_____

3. zapatos de tenis / tu madre

_____

4. discos compactos / tu abuelo

_____

5. camisetas / tu hermana

_____

6. pelotas de tenis / tu hermano

_____

E. **¿Qué edad tienen?** *(How old are they?)* Using the ages indicated, tell both who is older as well as who is younger in each situation. Follow the model.

MODELO: tu abuelo (68) / tu abuela (67)

Mi abuelo es mayor que mi abuela. _____

Mi abuela es menor que mi abuelo. _____

1. tu hermano (13) / tu hermana (9)

_____

_____

2. tu amigo (14) / tu amiga (15)

3. tu madre (39) / tu padre (41)

4. Julio (21) / Francisco (24)

5. Flora (19) / Óscar (18)

¿Qué te parece? *(What do you think?)* Answer the following questions using comparisons. Follow the model.

MODELO: ¿Qué disco compacto te gusta más? / bueno

Este disco compacto es bueno, pero ése es mejor.

1. ¿Qué película prefieres? / bueno

2. ¿Te gustan los suéteres? / bueno

3. ¿Te gustan los quesos ? / malo

4. ¿Qué helado prefieres? / malo

5. ¿Qué zapatos de tenis te gustan? / bueno

G. **Hacer las compras en otra ciudad** You are visiting a friend who lives in a nearby city or town. You go shopping with him and notice different prices and quality in certain items that you frequently buy. Write a short letter to a relative, comparing at least five items. Discuss the differences in price and quality between what is available at home and what is available in the other city or town.

Querido(a)_____,

_____

_____

_____

_____

_____

_____

_____

_____

_____

_____

_____

_____

_____

_____

_____

_____

H. **¡Leamos!** Read the following descriptions of fashions for the coming season. Then answer the questions that follow.

Modas

Por Jenny Aoun

Para esos días más fríos, esta actitud relajada en gamuza, por encima de las rodillas con unas medias gruesas oscuras, es ideal para llevar con la mini-falda.

Se acerca el invierno y por lo tanto el frío. Las botas, las medias gruesas y los sweaters se vuelven a usar. Este año priman las botas cortas, y las muy largas por encima de las rodillas asi como el "look" montañez.

Las botas y el invierno

Vuelven las botas a lo Peter Pan, con medias gruesas en otro color para resaltar más la simplicidad y elegancia con que se llevan.

Useful vocabulary: **corto** — short; **largo** — long; **grueso** — thick

1. Based on the content of the text and photos, to which season do you think the word **invierno** refers? What words and/or visuals helped you to decide?

   _____

   _____

2. According to the descriptions, what three types of clothing and/or accessories will be worn frequently this season?

   _____

   _____

3. You're helping your sister plan how to wear her new boots with her existing wardrobe. Based on the descriptions, what would you advise her to wear with the following items?

   a. high, over-the-knee boots: _____

   _____

   b. "Peter Pan" boots: _____

   _____

I. **En la zapatería** Identify the various items sold in a shoe store.

1. _____

2. _____

3. _____

4. _____

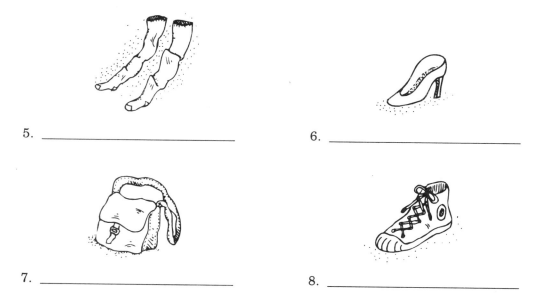

5. _____ 6. _____

7. _____ 8. _____

J. **Ese vestido, no.** You are helping a friend select a wardrobe, but she has terrible taste in clothes. Tell her not to wear the items indicated with clothes or shoes you don't think will look good. Use your imagination! Follow the model.

MODELO: camiseta roja

No lleves esa camiseta roja con zapatos de tacón verdes.

1. impermeable amarillo

_____

2. abrigo azul

_____

3. falda negra

_____

4. pantalones azules

_____

5. vestido verde

_____

6. chaqueta roja y blanca

_____

7. suéter negro

_____

Repaso ―――――――――――――――――――――――――――――――

Expressing equality

> **tan** + *adjective / adverb* + **como**
> **tanto (a)** + *noun* + **como**
> **tantos (as)** + *noun* + **como**

_____

K. **Vale la pena comparar.** *(It's worthwhile to compare.)* Compare the following items using **tan... como.**

MODELO: esta clase / difícil / ésa

Esta clase no es tan difícil como ésa.
_____

1. esa chaqueta / cara / aquélla

_____

2. esas manzanas / buenas / éstas

_____

3. mi mamá / alta / la de Felipe

_____

4. esas pelotas / baratas / éstas

_____

5. Sara / inteligente / Marta

_____

L. **¿Qué tienda es mejor?** You and a friend are comparing different stores. Respond to your friend's statements using a form of **tanto... como.**

MODELO: Esta zapatería no es tan buena como ésa. (zapatos de tenis)

Tienes razón. No tiene tantos zapatos de tenis como ésa.
_____

1. Este mercado no es tan bueno como ése. (frutas)

_____

2. Esta tienda de música no es tan buena como ésa. (cintas)

_____

3. Este supermercado no es tan bueno como ése. (pescado)

_____

4. Esta papelería no es tan buena como ésa. (cuadernos)

_____

5. Esta tienda de deportes no es tan buena como ésa. (raquetas)

_____

6. Esta panadería no es tan buena como ésa. (pan)

_____

7. Esta florería no es tan buena como ésa. (flores)

_____

M. **Hacer la maleta** You are going away for the weekend and you want to be prepared. First, list where you are going and three activities you will do there. Then list the clothes that you will bring. Don't forget to take into account the kind of weather you will find at your destination!

Destino: _____

Actividades: _____

_____

Ropa: _____   _____

_____   _____

_____   _____

_____   _____

_____   _____

_____   _____

¡Vamos a vender ropa!

A. You've been thinking about a part-time job when you see the following ads for a different way to earn money in your spare time. First read the ads. Then answer the questions that follow.

1. What is the basic idea behind both these ads?

   _____
   _____
   _____

2. Where does the **Shadia** ad suggest that their shoes can be sold? (Hint: They suggest three places. Think of the word for friend.)

   _____
   _____
   _____

3. Match the following benefits listed in the **Límite Internacional** ad with their general meanings in English.

_____ Vende ropa en tus horas libres.

_____ Marcas de prestigio y calidad.

_____ Descubre extraordinarias
ganancias con nuestros
planes de CRÉDITO.

_____ ¡Lo que no venda, se
lo cambiamos!

a. Our financing plans will help you
earn incredible profits.

b. Use your spare time to sell clothing.

c. We will exchange what you don't sell!

d. Well-known and high-quality labels.

4. Which do you think is the better advertisement? Why?

_____

_____

5. Would you be interested in a plan like these? Why or why not?

_____

_____

B. **¡Vamos a comprar libros!** You'd like to buy books for the following people, but since you don't have time to go to a **librería,** you plan to order from a book catalog. First study the descriptions of books from the **El Mundo del Libro** catalog (p. 249), then select the most appropriate title for each person below.

a. Tu tía — le gusta leer biografías: _____

b. Tu primo — quiere viajar a México: _____

c. Tú: _____

Catálogo Septiembre - Octubre '90
Lo mejor en Español al alcance de sus manos

GUIA DE PLANTAS Y FLORES   GRIJALBO
Francesco Bianchini y Azurra Carrara Pantano

Excelente guía, fácil de usar, a todo color catalogando 522 plantas y flores diferentes, cada una con su ficha descriptiva. Cada ficha decriptiva contiene los siguientes datos: familia, lugar de origen, descripción, utilización, multlipicación, ambiente y exposición a la luz solar, época de floración, tipo de terreno, humedad. Incluye tanto a plantas de exterior, como de interior. Además las fichas vienen organizadas por familias ofreciendo así, su localización inmediata.

No. 0156MCJ   *$ 39.95*

EL GENERAL EN SU LABERINTO   DIANA
Gabriel García Márquez (Premio Nobel 1982)

¡Continúa como gran éxito de ventas desde 1989 la última novela del gran escritor latinoamericano! La obra presenta a un Bolívar más humano, atormentado por la enfermedad, la proscripción política y el abandono de sus amigos durante sus últimos días. Haciendo uso de un fantástico despliegue verbal, de un lenguaje genial, caribeño, puro; García Márquez se posesiona de su personaje para brindarnos una gran obra literaria.

No. 0174BCT   *$ 18.50*

CONFIESO QUE HE VIVIDO. Memorias
Pablo Neruda   SEIX BARRAL

"El poeta, ha escrito Neruda, debe ser, parcialmente, el **cronista** de su época", y el se muestra aquí como un auténtico cronista y testigo de nuestro tiempo. Con la inigualable potencia verbal que caracteriza a sus mejores escritos nos ofrece una verdadera joya literaria. En ella nos expone tanto su concepción del arte y de la poesía como sus posiciones políticas. A este respecto, resulta particularmente emotiva la evocación del presidente Allende a los tres días de su trágica muerte.

No. 0061BCT   *$ 15.95*

TODO SOBRE LAS VITAMINAS
Earl Mindell   EDICIONES CEAC

¡La auténtica biblia de las vitaminas! Descubra este maravilloso mundo. Conozca, de verdad, lo que son las proteínas. ¿Y los sorprendentes aminoácidos, cómo le afectan? Tome las vitaminas juntas...en el momento justo. Cuándo deben tomarse y cuando no deben tomarse. ¿Poca azúcar? ¿Poca sal? Vitaminas y medicamentos ¡no los confunda! ¿Cómo conservarse joven y enérgico? ¡El libro definitivo para conocer cuáles son las vitaminas que usted precisa!

No. 0043MSF   *$ 15.95*

PEREGRINOS DE AZTLAN
Miguel Méndez   EDICIONES ERA

Aquella tradición oral, voces del pueblo que se escuchan en las plazas pueblerinas, y que migran por todo México y el sur de Estados Unidos en busca de esperanza, narran esta obra ya clásica de la literatura chicana. Su aventura espiritual y dramática, el desierto que une y separa a dos países, Tijuana, Tucson, la vida peculiar en la frontera, Valle Imperial encuentra un terreno encantado para expresarse, que en su autor es tan hondo como libre. ¡He aquí todo un México que ignorábamos!

No. 0216BCT   *$ 16.95*

CUENTOS DE HADAS
Raymond E. Feist   GRIJALBO

Cuentos de hadas nos descubre un mundo excepcional dond la percepción de la realidad se desdibuja magistralmente en los contornos de la fantasía y el terror. Su lectura encierra, sin duda alguna, una experiencia escalofriante e inolvidable, un aviso de que el mundo apacible y natural que vemos desenvolverse en nuestro entorno bien puede convertirse en cualquier momento en una trampa escapatoria.

No. 0038CCT   *$ 15.95*

Now place your order for the three books you have chosen, using the order form on the next page.

Formulario de Pedido

PEDIDO HECHO POR:

C/o DATEL Special Products
12901 Coral Tree Place
Los Angeles, CA 90066

EL MUNDO DEL LIBRO

_____
Nombre   Inicial   Apellido

_____
Número de la calle   Departamento

_____
Ciudad   Estado   Zona Postal

_____
Número de teléfono de la casa   Número de teléfono del trabajo

	No. de Catálogo	Título del Libro	Editorial	Cuántos de C/U	Precio de C/U	Total
1						
2						
3						

Cómo calcular el costo de manejo y envío.
El cargo mínimo es $4 por los dos primeros libros y $1 por cada libro adicional. Si los libros tienen uno o más asteriscos (*), entonces aplique el cargo especial de $5 a los marcados con *, $6 a los marcados con ** y $7 a los marcados con ***.

C. **Un sábado típico** Describe to a friend in Córdoba, Argentina, the shopping that you and your family did this past Saturday. Include visits to at least three of the following: different food stores and/or the supermarket, the record store, the sporting goods store, the stationery store, various clothing stores.

ATAJO

_____

_____

_____

_____

_____

_____

_____

_____

_____

_____

D. **Buscando la comida** In the drawing below are hidden ten fruits and vegetables that you learned in Unit 6. Circle them, number each one, then write their names on the corresponding lines that follow.

1. _____

2. _____

3. _____

4. _____

5. _____

6. _____

7. _____

8. _____

9. _____

10. _____

Mi consejo

As a final exercise, it is your turn to give three pieces of advice to next year's students. Begin each piece of advice with a positive command and contrast that with a negative command. Conclude your advice with a reason for your suggestions.
Follow the model.

MODELO: *Estudia español y no mires la televisión, porque el español*

es más importante que la televisión.

1. _____

_____

_____

_____

_____

_____

2. _____

_____

_____

_____

_____

_____

3. _____

_____

_____

_____

_____

_____

CONTENTS

INTRODUCTION

Radio Futuro

Radio Futuro is a fictional teen- and pre-teen-run worldwide radio network that allows teenagers from Spanish-speaking countries all over the world (including the United States) to create their own radio programs and broadcast them. Often these programs are of a call-in nature, allowing listeners to talk to each other over the air waves. Some of the more active members and participants in **Radio Futuro** are:

In **Mexico:** Cecilia and Daniel, brother and sister

In **Puerto Rico:** Luis and his girlfriend Tica

In **Colombia:** Emilia and her boyfriend Mauricio

In **Spain:** Miguel, a student in Madrid

In the **United States:** Patricia, an Hispanic-American, cousin of Daniel and Cecilia

In the first part of the program, the listeners get to know one another, exchanging information about their lives and interests. Mauricio, Daniel, and Miguel decide to form an international rock band called "Gato Grande." They decide to meet in Madrid for their international concert.

Using the lab manual for *¡Ya verás!*

The lab manual is designed to aid in developing listening proficiency. Where it is appropriate, hints will be provided to assist the students. It is recommended that students be thoroughly familiar with the vocabulary and language structures before completing the listening comprehension activities. Also, where it is appropriate, other skills are brought to bear. Therefore, students will be developing first and foremost listening comprehension but also reading, speaking, and writing skills, all are necessary for a more comprehensive understanding of Spanish. New to the lab manual are Δ HINTS, designed to aid students in maximizing listening strategies.

It is recommended that the activities of the lab manual be placed strategically within your lesson plans. That is, one or two activities at a given time should suffice for normal progress to occur in Spanish. The lab manual tries to recycle as much vocabulary and language structures as possible. Those familiar with the first edition lab manual of *¡Ya verás!* will recognize several important changes. The **Radio Futuro** episodes have been streamlined so that extraneous information is eliminated. The names of some of the characters have been changed, and the story line has been modified to represent some of the activities one could expect students in the first level to do. Additionally, as a way of recycling information, some summaries of previous episodes of **Radio Futuro** appear with the chapter episode in question.

PRIMERA UNIDAD

Vamos a tomar algo

CAPÍTULO UNO

VAMOS AL CAFÉ

I. Saludos y respuestas You are in a café in Madrid with Miguel Palacios and his friend Ángela. Listen to what they and their friends say to you, choose the appropriate response, and then say it aloud. Listen to verify your answer. Follow the model.

MODELO: You hear: Buenos días.
You read: **(a) Buenos días. ¿Qué tal?**
(b) Hasta luego.
You say: *Buenos días. ¿Qué tal?*
You hear: Buenos días. ¿Qué tal?

1. (a) Adiós.
   (b) Bien. ¿Y tú?

2. (a) Muy bien, gracias.
   (b) Hasta luego.

3. (a) Más o menos.
   (b) Mucho gusto.

4. (a) Chao.
   (b) Más o menos.

5. (a) ¿Cómo estás?
   (b) ¿Y tú?

6. (a) Mucho gusto. Hasta luego.
   (b) Hola, ¿cómo estás?

7. (a) Bien, gracias, ¿y tú?
   (b) No, gracias.

8. (a) ¿Y tú?
   (b) Hola. Mucho gusto.

9. (a) ¿Qué tal? ¿Cómo estás?
   (b) Un sándwich. Muchas gracias.

10. (a) Muy bien, gracias. ¿Cómo te va?
    (b) Adiós, hasta luego.

II. El progreso de Brian As an exchange student in Spain, Brian practices with Miguel Palacios to improve his pronunciation. Brian will read aloud the items from the list that follows. Listen to how he is corrected and then repeat the correction. Follow the model.

MODELO: You read and hear: (Brian) **Buenos días.**
               You hear: (Miguel) Bien, pero otra vez: Buenos días.
               You repeat: *Buenos días.*

1. ¿Qué tal?

2. Buenas noches.

3. Vamos al café.

4. Quisiera un refresco.

5. Un pastel de fresas.

6. Muy bien, señorita.

7. Muchas gracias.

III. Tu progreso Now imagine that you are having the pronunciation lesson instead of Brian. After you hear Miguel and his friend Lisa say the number, read each item from the following list. Listen to Miguel pronounce each sentence and then repeat it. Follow the model.

MODELO: You hear: (Miguel) El modelo, por favor.
               You read aloud: **Buenos días.**
               You hear: (Miguel) Otra vez, por favor: Buenos días.
               You repeat: *Buenos días.*

1. Un café con leche.

2. Un té con limón.

3. Un licuado de banana.

4. Quisiera un pan tostado.

5. Buenas noches, señores.

6. Me gusta hablar español.

7. Una limonada, por favor.

IV. ¿Te gusta? Soon after you arrive in Spain, you meet Miguel and his sister, who ask you questions about what you like to do. Use the following written cues to play your part in the conversation. Then repeat what you hear. Follow the model.

MODELO: You hear: (Miguel) ¿Te gusta escuchar música?
               You read: **muchísimo**
               You say: *Me gusta muchísimo escuchar música.*
               You hear: (Miguel) Me gusta muchísimo escuchar música.
               You repeat: *Me gusta muchísimo escuchar música.*

1. a veces

2. muy poco

3. siempre

4. todos los días

V. Lo siento, no hay. You are waiting tables in Madrid. Because it's been a busy day, some menu items are no longer available. Playing the part of the waiter, suggest a logical substitution for each item. Follow the model.

MODELO: You hear: (Woman): Una medialuna, por favor.
               You read: **un pan dulce   un sándwich**
               You say: *Lo siento, no hay.*
                             ¿Quisiera un sándwich?
               You hear: Lo siento, no hay.
                             ¿Quisiera un sándwich?
               You repeat: *Lo siento, no hay.*
                             ¿Quisiera un sándwich?

1. licuado de banana   té con limón

2. café con leche   un vaso de agua con limón

3. limonada   un té con leche

4. un pan tostado   un bocadillo

VI. ¿Cómo se escribe? You talk at the café with your Spanish friends, and they say some words that you do not automatically understand. You ask them how the words are spelled (**¿Cómo se escribe?**). As they spell each word to you, write it down in the space provided. You may check your answers with your teacher. Follow the model.

Δ HINT: You may wish to review the alphabet on page 5 of your text before completing this activity.

MODELO: You hear: jamón
                  You say: *¿Cómo se escribe?*
                  You hear: J – A – M – Ó – N
                  You write: jamón

1. _____

2. _____

3. _____

4. _____

5. _____

VII. La merienda During snack time at the café, you run into Miguel and some of his friends. They ask you if you like to do certain things. Using the words provided below, answer that you do the activity in question. Then listen for the correct answer and repeat it. Follow the model.

MODELO: You hear: (Miguel): ¿Te gusta bailar en las fiestas?
                  You say: **bien**
                  You hear: (Narrator): Bailo bien.
                  You repeat: *Bailo bien.*

1. bien

2. mucho

3. mal

4. bien

5. todos los días

6. a veces

7. mucho

8. siempre

VIII. Radio Futuro is a shortwave radio network that allows teenagers from various parts of the Spanish-speaking world to talk to each other whenever they choose. You have already met many of these teenagers. You will hear other installments of **Radio Futuro** in later chapters. In Spain, Miguel is testing how well the Madrid site is transmitting and receiving. He sends messages to his friends in other parts of the world, asking them questions about their activities and what they like to do. Refer to the drawings and ask a question you think Miguel may ask. Then listen for his question, repeat it, listen for the answer, and repeat that also.

MODELO: You see: (Drawing)
               You say: *Cecilia, ¿estudias mucho?* or
                                 Cecilia, ¿te gusta estudiar?
               You hear: (Miguel) Cecilia, ¿estudias todos los días?
               You repeat: *Cecilia, ¿estudias todos los días?*
               You hear: (Cecilia) Sí, estudio todos los días.
               You repeat: *Sí, estudio todos los días.*

△ HINT: It may help to know that in Spain, the **c** in the syllables **ce** and **ci** is pronounced like the *th* in *think*. In Latin America, the **c** sounds like the *s* in *sound*.

1. ... 2. ... 3. ... 4. ... 5. ... 6. ...

1. *Daniel*   2. *Cecilia*

3. *Luis*   4. *Tica*

5. *Emilia*

6. *Mauricio*

CAPÍTULO DOS

¡VAMOS A UN BAR DE TAPAS!

I. En La Chuleta Miguel Palacios, his friend Brian, and their friend Estefanía, are in La Chuleta, a **tapas** bar in Madrid.

A. As you listen to their conversation, check off each of the words and phrases you hear. Not everything in the list is mentioned. Afterwards, you will hear the correct answers.

____ no me gusta	____ el chorizo	____ el chocolate español
____ más aceitunas y patatas bravas	____ vas a las tunas	____ mamás y papás
____ ¿más hamburguesas?	____ ¿más queso?	____ Mamá, ¿qué es eso?
____ con tu amigo Ben	____ canta bien	____ o una tortilla
____ es tu día	____ estudia mucho	____ mucho gusto
____ una tortilla de zapatos	____ Quisiera una tortilla de patatas.	
____ Brian habla muy mal.	____ Brian habla muy bien.	____ Brian baila muy bien.
____ nosotros practicamos	____ practica con nosotros	____ practicamos con las botas

B. Now repeat the correct answers, reading along from the list above.

MODELO: You read and hear: **el chorizo**
You repeat: *el chorizo*

II. Cecilia quisiera saber. In Mexico, Cecilia would like to know more about Daniel and his friends. Listen to her questions and the beginning of each answer that she receives, and complete the answer yourself. Then repeat the correct answer after Daniel.

MODELO: You hear: (Cecilia) ¿Enrique y Juanita hablan inglés?
You hear: (Daniel) Sí, ellos…
You say: *Sí, ellos hablan inglés.*
You hear: (Daniel) Sí, ellos hablan inglés.
You repeat: *Sí, ellos hablan inglés.*

1. … 2. … 3. … 4. … 5. … 6. … 7. … 8. …

III. La familia Quintero Listen to the following passages about Emilia Quintero and her family. They own a stationery store (**papelería**) in Bogotá, Colombia. Next, correct the statements or answer the questions that follow each passage. Use the space below to take notes if you need to. Then repeat the answers provided.

Passage one: About Emilia (questions 1–5)

Passage two: About Emilia's father (questions 6–9)

Passage three: About Emilia's mother (questions 10–13)

IV. Emilia y Mauricio Emilia talks about her friends and Mauricio gets jealous, preferring that she talk about him instead. Play the role of Mauricio and rephrase as a question what Emilia says, following the model. Next, confirm your response by listening to Mauricio's question. Then repeat Emilia's answer after her.

MODELO: You hear: (Emilia) Cecilia estudia todos los días.
                      You say: *¿Estudia todos los días Cecilia?*
                      You hear: (Mauricio) ¿Estudia todos los días Cecilia? ¿Y yo?
                      You hear: (Emilia) Tú también. Ustedes estudian todos los días.
                      You repeat: *Tú también. Ustedes estudian todos los días.*

1. ...   2. ...   3. ...   4. ...   5. ...   6. ...

V. ¿Canta o quisiera cantar? Change each statement you hear about what various people do to a new statement using the verb that follows. Then listen to the correct answer and repeat it. Follow the model.

MODELO: You hear: Mi amigo canta bien.
                      You read: **desea**
                      You say: *Desea cantar bien.*
                      You hear: Desea cantar bien.
                      You repeat: *Desea cantar bien.*

1. desea

2. necesitan

3. acaba de

4. quisiera

5. acabamos de

6. necesitas

7. deseamos

VI. ¿La comida? ¡Sí! Alicia and her friend Camilo love eating, but avoid all other activities. Answer questions that involve eating and drinking in the affirmative and all other questions in the negative. Then listen to the correct answer and repeat it. Follow the models.

MODELO A: You hear: ¿Alicia acaba de comer las aceitunas?
         You say: *Sí, acaba de comer las aceitunas.*
         You hear: Sí, acaba de comer las aceitunas.
         You repeat: *Sí, acaba de comer las aceitunas.*

MODELO B: You hear: ¿Camilo y Alicia miran la televisión?
         You say: *No, no miran la televisión.*
         You hear: No, no miran la televisión.
         You repeat: *No, no miran la televisión.*

1. ...   2. ...   3. ...   4. ...   5. ...   6. ...   7. ...   8. ...

VII. ¡Muchas patatas bravas! Lola has eaten too many **tapas** and is sleeping badly. While half-awake, she says things that make no sense. Choose the phrase that will correct each statement Lola makes. You will then hear Lola say the corrected statement. Repeat the entire statement after Lola. Follow the model.

MODELO: You hear: (Lola) Acabo de comer... la televisión.
        You read: **(a) la guitarra y el violín**
                    (b) una tortilla y muchas patatas bravas
        You say: *una tortilla y muchas patatas bravas*
        You hear: (Lola) Acabo de comer una tortilla y muchas patatas bravas.
        You repeat: *Acabo de comer una tortilla y muchas patatas bravas.*

1. (a) a un café   (b) a la señora González

2. (a) ¿Cómo está Ud.?   (b) ¿Cómo estás?

3. (a) tomar unos refrescos   (b) presentarle a Alberto

4. (a) estoy bien   (b) necesito estudiar

5. (a) gana mucho dinero   (b) trabaja poco

6. (a) las bebidas   (b) el fútbol

7. (a) Carlos y Marisol   (b) la música española

VIII. Radio Futuro From her station in Texas, Patricia is transmitting to her cousins Daniel and Cecilia in Mexico. She is trying to give them the results of her survey about their **Radio Futuro** friends worldwide, but transmission problems sometimes interfere with the message.

△ HINT: This activity will help reorient you on some of the key figures in **Radio Futuro.**

A. As you listen, take notes using the chart that follows. Afterwards, Cecilia will ask questions that you should be able to answer based on your notes.

País	Nombre	Información
España	Miguel	escucha música rock, le gusta comer tapas
Puerto Rico	Luis	
	Tica	
Colombia	Emilia	
	Daniel	

B. Now use your notes to answer Cecilia's questions or to comment on whether her recollection is accurate. Then listen to Daniel's response and repeat it after him. Follow the models.

MODELO A: You hear: (Cecilia) Miguel escucha música de ópera todo el tiempo.
              You say: *No, escucha música rock todo el tiempo.*
              You hear: (Daniel) No, escucha música rock todo el tiempo.
              You repeat: *No, escucha música rock todo el tiempo.*

MODELO B: You hear: (Cecilia) ¿Escucha Miguel música de ópera?
              You say: *No, escucha música rock todo el tiempo.*
              You hear: (Daniel) No, escucha música rock todo el tiempo.
              You repeat: *No, escucha música rock todo el tiempo.*

1. ...   2. ...   3. ...   4. ...

¿TE GUSTA LA COMIDA MEXICANA?

I. Yo quisiera comer. Cecilia, Daniel, and their friend Norma are supposed to be studying, but they are hungry and keep returning to the subject of food. Each time Norma mentions a Mexican or Spanish dish, repeat its name and make a comment about it, using the cues provided. Then listen to Cecilia's or Daniel's comment (which may or may not be similar to yours), and repeat it. Follow the model.

MODELO: You hear: (Norma) Necesito mi libro de matemáticas. También necesito…
una enchilada de queso.
You read: **¡Es deliciosa!**
You hear: (Cecilia) ¿Una enchilada de queso? ¡Es deliciosa!
You repeat: *¿Una enchilada de queso? ¡Es deliciosa!*

1. …   2. …   3. …   4. …   5. …   6. …   7. …

II. Pronunciación: Brian trabaja mucho. Brian is working to improve his pronunciation of vowels in Spanish. Take his part in the practice Miguel gives him. Read along as you hear him say each group of words; then repeat it. Listen to him once more and repeat again. Follow the model.

MODELO: You read and hear: (Miguel) **una señora española**
You repeat: *una señora española*
You hear: (Miguel) una señora española
You repeat: *una señora española*

1. Latinoamérica
2. café con leche
3. tapas y un refresco
4. Ustedes son de Costa Rica.
5. Somos chilenos.

6. estadounidense
7. ¿Dónde desean comer?
8. Trabaja en la cafetería.
9. Es de Los Ángeles.
10. una mujer de negocios

△ HINT: Before completing this activity, you may wish to review the entire alphabet. While English vowels may have different sounds depending on context, Spanish vowels usually sound the same. Try to imitate the vowel sounds as closely as possible.

III. ¿De dónde es? In Puerto Rico, the newest members of **Radio Futuro,** Tica and Luis, compare what they know about others in the worldwide network. Answer their questions or correct their statements by referring to the following chart. Note that the names are listed alphabetically in the chart. First answer about the person's country of origin; then follow up referring to his or her nationality. Listen for the confirmation of your responses in each case. Follow the model.

MODELO: You hear: (Tica) Bueno. Cecilia es... de El Salvador.
                     You say: *No, ella es de México.*
                     You hear: (Luis) No, ella es de México.
                     You say: *Sí, verdad, ella es mexicana.*
                     You hear: (Tica) Sí, verdad, ella es mexicana.

Nombre	País de origen	País de residencia	Nombre	País de origen	País de residencia
Cecilia	México	México	Luis	Puerto Rico	Puerto Rico
Daniel	México	México	Norma	Venezuela	México
David	Inglaterra	Chile	Patricia	Estados Unidos	Estados Unidos
Elena (Torres)	Perú	Perú	Paula	Panamá	Panamá
Elena (Vásquez)	Nicaragua	Estados Unidos	Rafael	República Dominicana	República Dominicana
Elizabeth	Canadá	Canadá	Roberto	España	España
Félix	Argentina	Argentina	Silvia	España	España
Hugo	Argentina	Argentina	Tica	Estados Unidos	Puerto Rico
Jaime	Costa Rica	Costa Rica	Valentina	Guatemala	México

1. ...   2. ...   3. ...   4. ...   5. ...   6. ...   7. ...   8. ...

IV. Una visita a la casa de Luis In San Juan, Puerto Rico, Luis has invited Tica to meet his parents.

A. As you listen to their conversation, try to remember basic information about nationalities, professions, and likes and dislikes. You will be asked to recall this information afterwards. You may want to consult the following outline of their conversation and jot down notes while you listen.

Amiga de Luis: _____

Tica toma... _____

Nacionalidad de Tica: _____

Profesión del papá de Luis: _____

Profesión del papá de Tica: _____

Profesión de la mamá de Tica: _____

Luis estudia mucho.　　　　Sí _____　　　　No _____

El dinero es importante para Tica.　　Sí _____　　　　No _____

B. Now answer the following questions about Luis, his parents, and Tica. Next, repeat the correct answer after the speaker. Then listen to the actual phrase from the conversation that answers the question. Follow the model.

MODELO:　You hear:　(Narrator) ¿Quién es la amiga de Luis?
　　　　　You say:　　*La amiga de Luis es Tica.*
　　　　　You hear:　(Narrator) La amiga de Luis es Tica.
　　　　　You repeat: *La amiga de Luis es Tica.*
　　　　　You hear:　(Luis) ...quiero presentarles a mi amiga Tica...

　1. ...　2. ...　3. ...　4. ...　5. ...　6. ...　7. ...

V. ¿Qué soy yo? In Spain, Miguel and his friend Estefanía are helping Brian practice with nationalities and professions. Take Brian's place in their guessing game, basing your answers on the hints that Estefanía and Miguel give. Do not try to understand every word in the hint; listen instead for key words. Then repeat the correct answer after Estefanía or Miguel. Follow the model.

MODELO: You hear: (Estefanía) Yo soy de… Chile, trabajo en la corte.
                        (Miguel) Ella trabaja con los criminales, con la policía. Dice,
                        "Mi cliente es inocente".
           You say: *Eres abogada. Una abogada chilena.*
           You hear: (Miguel) Sí, es una abogada chilena.
           You repeat: *Es una abogada chilena.*

△ HINT: Before completing this activity, review the countries and nationalities on
page 58 of your text.

1. …   2. …   3. …   4. …   5. …   6. …   7. …

VI. ¡Escuche Ud. bien! When learning Spanish, you have to listen carefully in order to
distinguish between words and phrases that sound similar or even identical but mean
different things. First, listen to the **tú** form of the verb **ser: eres.** Make sure you do not
confuse its sound with the phrase, **él es.**

A. Listen to the speakers and mark the appropriate choice in the list that follows.
Then listen for the correct answer. Follow the model.

MODELO: You read: **(a) ¿Eres norteamericano?**
                    (b) ¿Él es norteamericano?
         You hear: ¿Él es norteamericano? (Mark *b.)*
         You hear: (b) ¿Él es norteamericano?

1. ____ (a) ¿Eres canadiense?

   ____ (b) ¿Él es canadiense?

2. ____ (a) ¿Eres paraguayo o argentino?

   ____ (b) ¿Él es paraguayo o argentino?

3. ____ (a) ¿Eres japonés?

   ____ (b) ¿Él es japonés?

4. ____ (a) Eres alemán.

   ____ (b) Él es alemán.

5. ____ (a) Eres de Madrid, ¿no?

   ____ (b) Él es de Madrid, ¿no?

6. ____ (a) Eres ingeniero, ¿no?

   ____ (b) Él es ingeniero, ¿no?

B. Now follow the same procedure with the phrase **usted es** as distinguised from the single word **ustedes.** Notice that they are normally pronounced in exactly the same way, so you must listen to the other words in the sentence to determine what was said. The word **ustedes** will be connected to a plural verb; **es** is already the verb in the phrase **usted es.** Follow the model.

MODELO: You read: (a) **Usted es**
(b) **Ustedes**
You hear: Usted es abogada, ¿verdad? (Mark *a.*)
You hear: (a) Usted es abogada, ¿verdad?

1. ____ (a) Usted es   ____ (b) Ustedes

2. ____ (a) Usted es   ____ (b) Ustedes

3. ____ (a) usted es   ____ (b) ustedes

4. ____ (a) Usted es   ____ (b) Ustedes

5. ____ (a) Usted es   ____ (b) Ustedes

6. ____ (a) Usted es   ____ (b) Ustedes

VII. ¿Es costarricense? Listen to the question about people's nationalities, and give an answer based on the hint you hear. Then listen for the correct answer and repeat it. Follow the model.

MODELO: You hear: ¿Es José peruano o chileno?
Chile
You say: *Es chileno.*
You hear: Es chileno.
You repeat: *Es chileno.*

1. ...   2. ...   3. ...   4. ...   5. ...   6. ...   7. ...

VIII. Radio Futuro In Colombia, Emilia is bored today. She decides to transmit to nobody in particular to find out who answers.

△ HINT: In **capítulo 1,** you learned about some activities of those involved in **Radio Futuro.** In **capítulo 2,** Patricia, Daniel, and Cecilia talked about themselves and others. In this **capítulo,** Emilia and her friends will talk about food. It may help to review the **vocabulario** on pp. 47–48 of your text before completing this activity.

A. Listen to her conversation and try to remember the general idea of what was said. Later, you will be asked to respond to the *true* or *false* statements that follow. As you listen you may take notes in the space provided.

A Emilia le gusta… _____.

A Emilia no le gusta… _____.

Miguel acaba de ir… _____

_____.

Miguel habla de… _____

_____.

Brian es de… _____.

Brian come… _____.

En México… _____

_____.

Miguel habla con… _____.

Emilia habla con… _____.

Capítulo tres **¿Te gusta la comida mexicana?** **19**

B. Now read along as you listen to the following statements. Mark *C* (**Cierto**) if the statement is true, *F* (**Falso**) if it is false, or *N* (**No hay información**) if the information is not contained in the conversation. Then listen to the correct answer and repeat it. Follow the model.

MODELO: You read and hear: **Emilia desea estudiar.** (Mark *F*.)
You hear: Falso. No desea estudiar.
You repeat: *No desea estudiar.*

1. Emilia acaba de ir a un bar de tapas. _____ C _____ F _____ N

2. Brian es español. _____ C _____ F _____ N

3. Brian come muchas tapas. _____ C _____ F _____ N

4. Miguel habla de las tortillas mexicanas. _____ C _____ F _____ N

5. Visitan México muchos dentistas franceses. _____ C _____ F _____ N

6. Emilia quisiera cantar mucho. _____ C _____ F _____ N

7. Miguel desea hablar más con Emilia. _____ C _____ F _____ N

I. **¡Muchos tacos!** As Daniel talks about himself, change his sentences to the **tú** form; if he mentions himself and others (using **nosotros**), change his statement to one using **ustedes**. Then listen to the correct response. Follow the models.

Δ HINT: In this activity, you are responding to conversation cues. Just as in English, when someone says "We need to study," it is natural to say "Yes, you do (need to study)."

MODELO A: You hear: (Daniel) Acabo de comer mucho.
　　　　　　You say:　*Sí, acabas de comer mucho.*
　　　　　　You hear: (Narrator) Sí, acabas de comer mucho.

MODELO B: You hear: (Daniel) Cecilia y yo necesitamos estudiar.
　　　　　　You say:　*Sí, ustedes necesitan estudiar.*
　　　　　　You hear: Sí, ustedes necesitan estudiar.

1. ...　2. ...　3. ...　4. ...　5. ...　6. ...　7. ...　8. ...　9. ...　10. ...

II. **Minidictado** Complete the following passage by writing the missing words in the blanks. First you will hear the passage at normal speed; then you will hear it a second time with pauses long enough for you to write the missing words.

Yo soy Norma Campos Salazar. _____, pero acabo de llegar a

México. _____ México mucho. Aquí tengo algunos

_____ muy buenos. Se llaman Cecilia y Daniel. Ellos también

_____, como yo. Cecilia estudia bastante. Desea ser médica o

_____. A mí me gusta la _____ y el arte.

México es un país muy interesante. Los mexicanos _____ mucho, pero son

como los venezolanos: desean comer bien, escuchar música y _____. Un día

quisiera visitar otros países también: _____,

Inglaterra y posiblemente el Japón. Pero para viajar, necesito estudiar, trabajar y

_____ mucho dinero.

III. La trampa *(The trap)* Miguel's friend Gabriela wants to find out for herself how much Spanish Brian has learned. Some of the statements she makes are accurate, or at least are possible; simply repeat them. Other statements, however, are incorrect or do not make sense. Correct those statements according to the model. Confirm your answer in all cases by listening to the correct response.

MODELO: You hear: (Gabriela) La profesora acaba de bailar en clase.
　　　　　　 You say: *No, no acaba de bailar en clase. Acaba de hablar en la clase.*
　　　　　　 You hear: (Narrator) No, no acaba de bailar en clase. Acaba de hablar en la clase.

1. ...   2. ...   3. ...   4. ...   5. ...   6. ...   7. ...   8. ...   9. ...   10. ...

◇◇◇◇◇◇◇◇◇◇◇◇ SEGUNDA UNIDAD ◇◇◇◇◇◇◇◇◇◇◇◇

¡Vamos a conocernos!

CAPÍTULO CUATRO

¿DE QUIÉN ES?

I. ¿Qué llevan? Refer to the following drawings as you listen.

A. If the statement you hear is accurate, simply repeat it. If the statement is wrong, correct it, following the model. Then confirm your response by listening to the correct answer.

MODELO: You hear: Cristina lleva un libro de inglés.
You see: a drawing of a girl with a mathematics book
You say: *No, es un libro de matemáticas.*
You hear: No, es un libro de matemáticas.

Cristina

Antonio

Ángela

Cristóbal

1. ...   2. ...   3. ...   4. ...   5. ...   6. ...   7. ...   8. ...   9. ...

B. Now identify the people in the drawings that are associated with each item mentioned. Check your responses by listening to the correct answers. Follow the model.

MODELO: You hear: ¿Quién lleva dos bolígrafos?
You see: a drawing of Antonio
You say: *Antonio lleva dos bolígrafos.*
You hear: Antonio lleva dos bolígrafos.

1. ... 2. ... 3. ... 4. ... 5. ... 6. ...

II. Necesitan muchas cosas.
Each time someone talks about needing or wanting an item, mention that it belongs to the person indicated. Then confirm your response by listening to the correct answer. Follow the model.

MODELO: You hear: (Miguel) Necesito una llave.
You read: **Ricardo**
You say: *Es la llave de Ricardo.*
You hear: (Estefanía) Es la llave de Ricardo.

1. Pablo

2. Carmen

3. Vicente

4. Alicia

5. Gabriel

6. la profesora Cruz

7. los ingenieros

III. Tomándole el pelo a Miguel *(Teasing Miguel)*
Miguel is trying to talk with his sisters about his favorite subject—Emilia—imagining what her room in faraway Colombia is like. As you listen to their conversation, try not to be distracted by unfamiliar vocabulary. Concentrate on the words you know in the list on the following page, and make a check in the space provided if that word is spoken. A word may have more than one check. Answers are in the answer key.

△ HINT: Because Miguel is from Spain and is talking to two females, he uses **vosotras.**

casa ____

cuarto ____

cama ____

cintas ____

discos compactos ____

cuadernos ____

escritorio ____

calculadora ____

computadora ____

alfombra ____

mochila ____

cámara ____

televisor ____

plantas ____

grabadora ____

motocicleta ____

bicicleta ____

IV. Categorías Listen to the items mentioned while referring to the following list. Then, write the letter of the category to which the items belong. Follow the model. **Answers are in the answer key.**

MODELO: You hear: mochila / bolígrafo / libro
You write: *C* (cosas para la escuela)

△ HINT: Before beginning this activity, you may wish to make a list of words that belong to each category.

A. cosas para comer

B. cosas para tomar

C. cosas para la escuela

D. cosas para el cuarto

E. medios de transporte

1. ____   5.   ____

2. ____   6.   ____

3. ____   7.   ____

4. ____   8.   ____

V. Hay unos discos compactos en el cuarto de Juan. Say what there is in the room of each person in the list below, using *hay* with the following item(s). Then listen to the correct answer and repeat it. Follow the model.

MODELO: You read and hear: **Rosalía: pósters, computadora**
You say: *Hay unos pósters y una computadora en el cuarto de Rosalía.*
You hear: Hay unos pósters y una computadora en el cuarto de Rosalía.
You repeat: *Hay unos pósters y una computadora en el cuarto de Rosalía.*

1. Jorge: cintas, televisor

2. Berta: silla, máquina de escribir

3. Natalia y Virginia: dos camas, alfombra

4. Julián: escritorio muy grande

5. Carmen: estante, cómoda

6. Gustavo y Lucas: radio despertador, pósters

VI. Pronunciación: /p/, /t/, /k/ Listen to Rafael and Tica say the following phrases as you read along. Repeat each phrase after you hear it, concentrating on the /**p**/, /**t**/, and /**k**/ sounds.

1. tapas de patatas

2. tu portafolio y tus plumas

3. El papá de Paco toma té.

4. el sacapuntas

5. Catalina y tu prima

6. tu computadora y tus pósters

7. Tomás Peña no es tonto.

8. Hay quince papas en la cocina.

VII. Las matemáticas Carmen is helping her young cousin with his math homework.

A. Take his part in the conversation, giving the answer to each addition or subtraction problem that follows. Then confirm your answer by listening to her response. Follow the model.

Δ   HINT: The symbol + is **más** in Spanish, – is **menos,** and = is **son.**

MODELO: You read: **12 + 3**
You say: *quince*
You hear: (Carmen) Quince. Doce más tres son quince.

1. 15 - 4 =

2. 3 + 7 =

3. 19 - 4 =

4. 6 + 3 =

5. 8 - 8 =

6. 13 - 8 =

7. 11 + 9 =

8. 2 + 5 =

9. 18 - 12 =

B. Now follow the same procedure, but this time you will *hear* the arithmetic problem instead of reading it. Follow the model.

MODELO: You hear: Doce más uno.
              You say: *trece*
              You hear: Trece. Doce más uno son trece.

1. ...   2. ...   3. ...   4. ...   5. ...   6. ...   7. ...

C. You will listen to a series of numbers. Predict the next number in the sequence. Then listen to confirm your answer. Follow the model.

MODELO: You hear: uno / tres / cinco / siete
              You say: *nueve*
              You hear: uno / tres / cinco / siete / nueve

1. ...   2. ...   3. ...   4. ...   5. ...

VIII. ¿En qué piensa Patricia? *(What is Patricia thinking about?)* Listen to each of Patricia's statements, then refer to whatever item she mentions, using the appropriate possessive form **(mi, tu, su, nuestro, su).** Take her point of view. Then listen for the correct answer. Follow the models.

MODELO A: You hear: Necesito las llaves. ¿Dónde están?
             You say: *mis llaves*
             You hear: mis llaves

MODELO B: You hear: Voy a llevar la calculadora de Pedro.
             You say: *su calculadora*
             You hear: su calculadora

Δ HINT: Before completing this activity, you may wish to review the subject pronouns and their corresponding possessive adjectives on page 94 of your text.

1. ...   2. ...   3. ...   4. ...   5. ...   6. ...   7. ...   8. ...   9. ...   10. ...

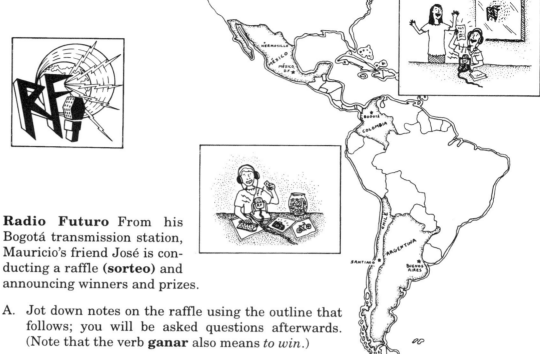

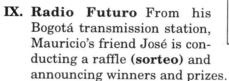

IX. Radio Futuro From his Bogotá transmission station, Mauricio's friend José is conducting a raffle (**sorteo**) and announcing winners and prizes.

A. Jot down notes on the raffle using the outline that follows; you will be asked questions afterwards. (Note that the verb **ganar** also means *to win*.)

△ HINT: José mentions two pronunciations for the syllable **za,** one Latin American and one Spanish. In Latin America, **z** sounds like [s]; in Spain, it is pronounced like the *th* in *think*.

Fernando Beltrán es de... _____

Fernando acaba de ganar... _____

Betty Valdez Torres gana... _____

Betty Valdez Torres es de... _____

Diego y Pedro Mora son de... _____

Clara Martínez gana... _____

Clara Martínez es de... _____

El número que gana la bicicleta es... _____

El número de Daniel es... _____

Daniel gana la bicicleta.   Sí _____   No _____

Daniel gana... _____

Cecilia necesita... _____

B. Now listen to the following statements about what you have just heard. If the statement is accurate, confirm it by repeating it. If it is not accurate, correct it. You may use your notes or rely on your memory. Then listen for the correct answer. Follow the models.

MODELO A: You hear: Fernando Beltrán es de Santiago, Chile.
You say: *Sí, es de Santiago, Chile.*
You hear: Sí, es de Santiago, Chile.

MODELO B: You hear: Fernando Beltrán es de Chicago, Estados Unidos.
You say: *No, es de Santiago, Chile.*
You hear: No, es de Santiago, Chile.

1. ...   2. ...   3. ...   4. ...   5. ...   6. ...   7. ...   8. ...   9. ...   10....

~~~~~~~~~~~~~~
CAPÍTULO CINCO
~~~~~~~~~~~~~~

ME GUSTA MUCHO...

I. Gustos y disgustos *(Likes and dislikes)* Answer each question you hear according to the cue given below. Then listen to the correct response and repeat it. Follow the model.

MODELO: You read: **Sí, un poco**
You hear: ¿Te gusta cantar?
You say: *¿Cantar? Sí, me gusta un poco.*
You hear: *¿Cantar? Sí, me gusta un poco.*
You repeat: *¿Cantar? Sí, me gusta un poco.*

Δ HINT: This activity focuses on the two forms **gusta** and **gustan.** You may wish to review their uses, pages 105–106 of your text.

1. Sí, a veces

2. Sí

3. No

4. No

5. Sí, un poco

6. Sí, a veces

7. ¡Sí, mucho!

8. Sí, un poco

9. ¡Sí, mucho!

10. ¡Sí, mucho!

II. A Eva le gustan. *(Eva likes them.)* Eva likes almost everything! How about you? You will hear three items from the same category. Select the appropriate category and say whether or not you like what is mentioned. You will then hear Eva's response. Follow the model.

MODELO: You hear: (Carlos) los perros / los gatos / los pájaros
You read: **los deportes   los animales**
You say: *Los animales. Me gustan.* or *No me gustan.*
You hear: (Eva) Los animales. Me gustan.

1. la música clásica   la música rock

2. las tapas   las ciencias

3. los deportes   las lenguas

4. las ciencias   los bailes

5. las matemáticas   la música

6. la naturaleza   las lenguas

7. las películas   las tapas

III. **Pronunciación: La /d/**

A. Read aloud the following words and phrases, concentrating on the /**d**/ sound. Then listen to the speaker's pronunciation and repeat each word or phrase after her. Follow the model.

MODELO: You read and say: ***un diente***
You hear: (speaker) un diente
You repeat: *un diente*

1. discos compactos

2. el doctor

3. un día

4. el dólar

5. ¡Diego! ¿Dónde estás?

6. un domingo en diciembre

B. Follow the same procedure with this next group of words and phrases, where the /**d**/ sound is similar to the English *th* sound in the word *them*. Read aloud the following words. Then listen to Daniel's pronunciation and repeat each word or phrase after him.

1. Buenos días.

2. Adiós.

3. los dos discos compactos

4. médicos y abogados

5. es de él

6. los discos compactos de Diego

7 ¿Eres de Durango?

8. sus dos calculadoras

9. Tengo diecinueve cuadernos.

10. la grabadora y la computadora

C. Now follow the same pattern with these phrases that contain both pronunciations of /**d**/.

1. Son de Diego Durán.

2. un día de diciembre

3. ¿De dónde es Dolores?

4. un disco de él y dos discos de usted

5. Deseo vender dieciocho.

6. El radio despertador es de ella.

IV. Hay uno, pero es de otro *(someone else).* Daniel, Cecilia, and their friend Norma, are looking for their personal items, but whatever they find seems to belong to someone else. Listen to each statement or question, and then respond that the object mentioned belongs to the person indicated. Listen to the correct answer and repeat it. Follow the model.

△ HINT: Remember to use **son** with plural objects.

MODELO: You hear: (Daniel) Necesito mi libro de inglés.
         You read: **Natalia**
         You say: *Hay un libro de inglés aquí, pero es de Natalia.*
         You hear: (Norma) Hay un libro de inglés aquí, pero es de Natalia.
         You repeat: *Hay un libro de inglés aquí, pero es de Natalia.*

△ HINT: Two words you may need to know are **hay** *(there is / are)* and **aquí** *(here).*

1. Juan
2. Bernardo
3. la profesora García
4. Sara
5. Antonio
6. Raúl
7. Luz Marina
8. Pilar Galíndez

V. Vivo aquí. Answer each question you hear with the *yo* form of the verb, using the cue given below. Then listen for the correct response and repeat it. Follow the model.

MODELO: You hear: ¿Dónde vives?
         You read: **aquí**
         You say: *Vivo aquí.*
         You hear: Vivo aquí.
         You repeat: *Vivo aquí.*

△ HINT: Although this activity focuses on the **yo** and **tú** forms, you may wish to review other verb forms on page 116 of your text.

1. un libro de ciencia ficción
2. mi televisor
3. mi bicicleta
4. inglés y español
5. muchas
6. en la escuela
7. un refresco
8. con Adela y Antonio

VI. Un amigo generoso When listening to the following conversation between Luis, Tica, and their friend Rafael, try not to be distracted by unfamiliar vocabulary. Each time you hear any form of one of the **-er** or **-ir** verbs in the following list, write a "✓" in the space next to that verb. Follow the model and check your answers with your teacher.

MODELO: You hear: (Luis) Es un día muy bonito, Rafael. Quiero correr un poco.
¿No corres conmigo?
You write: Two check marks next to **correr**

aprender ____   escribir ____

beber ____   leer ____

comer ____   recibir ____

compartir ____   vender ____

comprender ____   vivir ____

correr ____

VII. ¡No es cierto! *(It's not true!)* Contradict what you hear. Then listen for the correct response and repeat it. Follow the model.

MODELO: You hear: Roberto corre muy bien.
You say: *¡No es cierto! No corre bien.*
You hear   ¡No es cierto! No corre bien.
You repeat: *¡No es cierto! No corre bien.*

Δ HINT: You may wish to review the verb forms on page 116 of your text.

1. ...   2. ...   3. ...   4. ...   5. ...   6. ...   7. ...

VIII. Cómo no prestar atención *(How not to pay attention)* Regina, a friend of Carmen, is telling her boyfriend Tomás about her friends back in Venezuela, but his mind is elsewhere. Correct his absent-minded comments. Then listen to what Regina says to confirm your answer. Follow the model.

MODELO: You hear: (Regina) Tengo una amiga que se llama Evelina. Vive en
Caracas. Estudia y trabaja también. Vende pinturas y escul-
turas muy bonitas.
(Tomás) Sí. Vende mochilas.
You say: *No, vende pinturas y esculturas.*
You hear: (Regina) No, vende pinturas y esculturas.

1. ...   2. ...   3. ...   4. ...   5. ...

IX. Radio Futuro From his Madrid transmission station, Miguel is conducting a survey **(un sondeo)** about **Radio Futuro** participants.

△ HINT: One word you might need to remember is **vosotros** (plural "you" in Spain).

A. Listen to their conversation and take notes using the following outline. You will be asked questions afterwards.

En San Juan, Puerto Rico... _____

_____

_____

En México... _____

_____

_____

Mauricio vive en... _____

En Colombia..._____

_____

_____

¿Qué pasa al final de la transmisión? _____

_____

_____

B. Now answer the following questions or correct the inaccurate statements made about what you have just heard. Work from memory or consult your notes. Then listen for the correct response. Follow the model.

MODELO: You hear: En Madrid habla Mauricio.
You say: *No, habla Miguel.*
You hear: No, habla Miguel.

1. …   2. …   3. …   4. …   5. …

CAPÍTULO SEIS

¡ÉSTA ES MI FAMILIA!

I. Palabras familiares Carmen and her friend Lourdes are helping Brian with vocabulary that is related to the family. Take his part and supply the words they are looking for, then listen to the correct response to confirm your answer. Follow the model.

MODELO: You hear: (Lourdes) el padre de tu padre
You say: *mi abuelo*
You hear: (Lourdes) mi abuelo

1. ...   2. ...   3. ...   4. ...   5. ...

II. Amigos y familias As you listen to each passage, try to remember what you hear about family members. A few questions will follow each passage. Answer each question; then listen to the correct response and repeat it. Follow the model.

MODELO: You hear: (Tica) Soy Tica Domínguez. Vivo en Puerto Rico, pero mi familia es cubana. Tengo tíos y primos que viven en los Estados Unidos.
You hear: (Narrator) La familia de Tica es dominicana, ¿no?
You say: *No, es cubana.*
You hear: No, es cubana.
You repeat: *No, es cubana.*

A. Emilia
1. ...   2. ...   3. ...

B. Lola
1. ...   2. ...   3. ...

C. Germán
1. ...   2. ...   3. ...   4. ...

III. Pronunciación: la /b/ Pronounce each of the following words and phrases aloud. Then listen to the speakers pronounce them and repeat, trying to imitate their pronunciation. Remember that the spelling, **b** or **v,** does not change the sound. Follow the model.

MODELO: You read and say: ***también***
                 You hear: también
                 You repeat: *también*

A. In this first group, make the sound of *b* in *bell*.

    1. Buenos días.   5. un vaso

    2. baloncesto   6. un baño

    3. los hombres   7. la alfombra

    4. Vamos.   8. voy

B. In the second group, pronounce with your lips partially closed. There is no equivalent sound in English.

    1. los baños

    2. abogado

    3. La Habana, Cuba

    4. octubre y abril

    5. por favor

    6. Fabio es fabuloso.

    7. No es verdad.

    8. Ella viaja a veces.

    9. Pablo no es pobre.

C. The third group has both kinds of *b* sounds in the same word or phrase.

    1. vivir

    2. Vivo muy bien.

    3. Busco la grabadora.

    4. Voy a trabajar con Balín.

    5. Acabo de hablar con Bárbara.

    6. Vendo libros y bolígrafos.

IV. Yo no tengo... Read aloud each sentence from the following conversation, saying aloud the missing form of **tener** in each sentence. After you hear the correct answer (Luis or his friend David will read the entire sentence), continue on to the next sentence. Follow the model.

MODELO: You read: **Tú... muchas cosas buenas.**
You say: *tienes*
You hear: (Luis) Tú tienes muchas cosas buenas.

David: Ustedes _____ una casa muy buena.

Luis: Sí, pero yo no _____ un cuarto muy grande.

David: Pero tú _____ una computadora y unos discos compactos fabulosos en tu cuarto.

Luis: Claro, porque yo _____ que usar la computadora todos los días.

David: Yo uso la computadora que _____ mis padres.

Luis: Oye, ¿no quieres ir al cine esta noche? Yo _____ un poco de dinero.

David: Sí, pero _____ un pequeño problema. Mis padres y yo _____ que visitar a mi tía en el hospital.

Luis: ¿Qué pasa con tu tía? ¿_____ algo serio?

David: No sé, pero yo _____ que ir con ellos.

V. ¿Cuál es la pregunta? *(What is the question?)* You will hear a statement followed by an answer to a missing question. The second time around, say aloud an appropriate question. Then listen to the question and the response. Follow the model.

MODELO: You hear: (Tica) Una amiga de mi tía tiene doce hijos. ¡Doce!
You hear again: (Tica) Una amiga de mi tía tiene doce hijos.
You say: *¿Cuántos?*
You hear: (Luis) ¿Cuántos?
(Tica) ¡Doce! Doce hijos.

1. ...   2. ...   3. ...   4. ...   5. ...

VI. ¿Cómo son? You will hear two short questions about particular people and what they are like. Respond by using the appropriate form of **ser** with the adjectives you hear. Then listen for the correct response and repeat it. Follow the model.

MODELO: You hear: ¿Tú y yo? ¿Interesantes?
You say: *Somos interesantes.*
You hear: Somos interesantes.
You repeat: *Somos interesantes.*

1. ...   2. ...   3. ...   4. ...   5. ...   6. ...   7. ...   8. ...   9. ...

VII. ¡Pobre Miguel! Estefanía is trying to get Miguel to stop idolizing Emilia. Whenever Miguel says something about himself, Emilia, or her boyfriend Mauricio, Estefanía says the opposite. Listen to each statement Miguel makes and contradict it, using an adjective with the opposite meaning. Then confirm your response by listening to the correct answer. Follow the model.

MODELO: You hear: (Miguel) Emilia es muy divertida.
          You say: *No, es muy aburrida.*
          You hear: (Estefanía) No, es muy aburrida.

1. ...   2. ...   3. ...   4. ...   5. ...   6. ...   7. ...   8. ...   9....

VIII. Radio Futuro Mauricio and Daniel are trying to discover the identity of an anonymous person who interrupts **Radio Futuro** transmission. They are trying to lure him out by giving him a name and making up things about him. Concentrate on familiar vocabulary. You will hear the passage twice.

A. Take notes on the conversation and be prepared to answer the questions that follow it.

Δ HINT: During the last **Radio Futuro** transmission, Miguel conducted a survey about some listeners. We found some information about Luis in Puerto Rico, Daniel and Cecilia in Mexico, and Mauricio in Colombia. This episode concerns a fictitious character we will name Gregorio.

Apuntes *(Notes):*

¿Cómo es Gregorio? _____

_____

¿Cómo es su familia? _____

_____

¿Tiene hermanos? _____

_____

¿Es casado? _____

_____

Según Miguel, ¿cómo son Mauricio, Daniel y Tica? _____

_____

B. Now determine if the statements made about the conversation you just heard are true or false. If the statement is true, say **sí** and simply repeat it. If false, say **no** and correct it. Confirm your response by listening to the correct answer. Follow the models.

Δ   HINT: The word **según** means *according to*.

MODELO A: You hear: Según Tica, Gregorio es de una familia grande.
             You say: *Sí, es de una familia grande.*
             You hear: Sí, es de una familia grande.

MODELO B: You hear: Según Tica, Gregorio es de una familia pequeña.
             You say: *No, es de una familia grande.*
             You hear: No, es de una familia grande.

1. ...   2. ...   3. ...   4. ...   5. ...   6. ...   7. ...

C. Now write a few sentences about Gregorio in the space provided. Make up your own description of him. Use adjectives from this chapter with **ser.** Mention where you think he lives, what you think he likes to do, and what you think his family and/or friends are like.

Δ   HINT: You may wish to look over the **Comentarios culturales** on page 125 to add any relevant information.

_____

_____

_____

_____

_____

_____

I. **¡Es imposible! ¡Qué interesante!** You will hear two kinds of statements. The first kind consists of exaggerations or unlikely claims. Respond with **¡Es imposible!** The second kind consists of things that are possible. Respond with **¡Qué interesante!** Listen for the correct answer in each case. Follow the models.

MODELO A: You hear: Tengo dieciocho mochilas.
           You say: *¡Es imposible!*
           You hear: ¡Es imposible!

MODELO B: You hear: Mis tíos viven en una casa muy bonita.
           You say: *¡Qué interesante!*
           You hear: ¡Qué interesante!

    1. ...   2. ...   3. ...   4. ...   5. ...   6. ...   7. ...   8. ...   9. ...   10. ...

II. **Preguntas y respuestas** Listen to each question and mark the most appropriate answer from the choices provided. Then listen for the correct response. Follow the model.

MODELO: You hear: (Narrator) ¿Cuántos hermanos tienes?
              You read: ____ **Dos.** ____ **Mañana.** ____ **Es mi hermano.**
              (You write a check mark next to **Dos.**)
              You hear: (Tica) Dos.

1. ____ ¿Quién es?   ____ Es de Irene.   ____ Veinte menos cuatro.

2. ____ Sí, soy de San Juan.   ____ Usted es mi amigo.   ____ Sí, es usted.

3. ____ Todos los días.   ____ Con mi hermana.   ____ Matemáticas.

4. ____ Te gusta mucho.   ____ Un poco.   ____ Comparto el taco con ustedes.

5. ____ La abuela de mi amiga.   ____ No hay alfombra.   ____ Porque no me gusta.

6. ____ No, son bolígrafos.   ____ Sí, soy ecuatoriano.   ____ Sí, eres la prima de él.

7. ____ Vivo muy bien.   ____ Bebo en la cafetería.   ____ En San Juan.

8. ____ Está muy bien.   ____ Es simpático y muy inteligente.   ____ Es mi amigo.

III. Mi tío también Add a new statement to each statement you hear about one or more of the relatives. If the original statement refers to a female relative, your comment should refer to her male counterpart, and vice versa. Then listen for the correct answer and repeat it. Follow the model.

△ HINT: Before completing this activity, you may wish to review the family members.

MODELO: You hear: Nuestro primo es divertido.
You say: *Nuestra prima es divertida también.*
You hear: Nuestra prima es divertida también.
You repeat: *Nuestra prima es divertida también.*

1. … 2. … 3. … 4. … 5. … 6. … 7. … 8. …

IV. Minidictado Complete the following passage by writing the missing words in the blanks provided. First you will hear the passage at normal speed. Then you will hear it a second time with pauses long enough for you to write the missing words.

△ HINT: Before completing this activity, read over the passage to determine what kinds of information you will be listening for.

Luis _____ mi novio. Es simpático y muy inteligente. Pero _____ es

perfecto. A veces _____ mucho, y por eso es un poco gordo. Otro defecto que

tiene es que piensa en el dinero muchísimo. Casi está obsesionado por el

_____. Él quiere _____ rico un día. _____ _____

en una casa inmensa, en una mansión. A mí no me importan esas _____. Me

gusta _____. _____ mucho, y aprendo mucho sobre cómo

_____ bien. Un día voy a escribir una novela. No sé si voy a _____

con Luis todo mi dinero, porque con mi novela _____ a ganar mucho. Tal vez

Luis y yo somos muy similares. Excepto por una cosa: _____ _____

_____ defectos.

TERCERA UNIDAD

¿Dónde y a qué hora?

CAPÍTULO SIETE

¿ADÓNDE VAMOS?

I. En una ciudad típica

A. Listen to the pronunciation of each of the following places as you read along. Repeat each item after the speaker. Follow the model.

MODELO: You read and hear: **un aeropuerto**
You say: *un aeropuerto*

1. una iglesia

2. una catedral

3. una biblioteca

4. un hospital

5. una universidad

6. una escuela secundaria

7. una oficina de correos (un correo)

8. un mercado

9. una estación de policía

B. Now refer to the list of places mentioned in Activity A as you listen to the following conversations. For each conversation, choose the most logical setting from the list and say it aloud. Then confirm your response by listening for the correct answer. Try not to be distracted by unfamiliar vocabulary; concentrate on clues that help you determine the place. Follow the model.

MODELO: You hear: (Narrator) Aquí vamos a tener la ceremonia. Mi boda. Mi matrimonio. En ocho días, voy a estar casada. Hay tantas cosas —las invitaciones, las fotos...
You say: *una iglesia (o una catedral)*
You hear: (Narrator) una iglesia (o una catedral)

1. ...   2. ...   3. ...   4. ...   5. ...   6. ...

II. ¿Dónde estamos? *(Where are we?)* José is helping Brian with his vocabulary by playing a guessing game. Take Brian's part and identify each place according to the hints José provides. Then listen for the correct response. Follow the model.

MODELO: You hear: (José) Vamos a imaginar lo siguiente. Hay pilotos y aviones, y muchísima gente que viaja a muchos países. ¿Dónde estamos?
You say: *Estamos en el aeropuerto.*
You hear: (José) Estamos en el aeropuerto.

1. ...   2. ...   3. ...   4. ...

III. ¿Adónde vas?

A. Each time a friend asks Daniel a question, answer for him using the appropriate form of **ir** and the words or phrases provided. Then listen for Daniel's response to confirm your answer and repeat it after him. Follow the model.

MODELO: You hear: (Friend): ¿Vas al colegio con Cecilia?
You read: **al centro**
You say: *No, voy al centro con ella.*
You hear: (Daniel) No, voy al centro con ella.
You repeat: *No, voy al centro con ella.*

1. al mercado

2. a la estación de autobuses

3. al hospital

4. a la oficina de correos

B. Now answer the remaining questions that the friend asks, following the same pattern. Follow the model.

MODELO: You hear: (Friend): ¿Va tu tío a la catedral hoy?
You read: **a la iglesia**
You say: *No, va a la iglesia.*
You hear: (Daniel) No, va a la iglesia.
You repeat: *No, va a la iglesia.*

1. a la biblioteca

2. al aeropuerto

3. a la iglesia Santa Teresa

4. a la plaza

IV. Preferimos ir al parque. You will be asked if you or somebody else wants to go to a particular place. Respond that you or the person(s) mentioned prefer to go to the place provided. Then listen for the correct answer and repeat it. Follow the model.

MODELO: You hear: ¿Quieren ustedes ir al museo?
You read: **parque**
You say: *No, preferimos ir al parque.*
You hear: No, preferimos ir al parque.
You repeat: *No, preferimos ir al parque.*

Δ HINT: Before completing this activity, you may wish to review the forms of **preferir** on page 169 of your text.

1. cine
2. café
3. estadio
4. hotel
5. estación de trenes
6. piscina
7. librería

V. La imaginación de Emilia Emilia has been reading her travel books; when Mauricio tries to carry on a conversation with her, she keeps talking about cities and places she wants to visit.

Δ HINT: Before completing this activity, you may wish to review the maps in your textbook.

A. Take notes on their conversation in the following outline in preparation for the questions that follow.

La película es… _____.

Emilia llega al… _____ en dos ciudades:

_____ y _____.

Emilia quiere ir a… _____

_____.

La Paz, Bolivia, tiene… _____.

Lima, Perú, tiene… _____.

Mauricio va… _____.

Mauricio y Emilia van…_____.

B. Now answer the following questions about the conversation. Then listen for the correct response and repeat it after the speaker. Follow the model.

MODELO: You hear: Mauricio quiere ir a una discoteca, ¿verdad?
        You say: *No, quiere ir al cine.*
        You hear: No, quiere ir al cine.
        You repeat: *No, quiere ir al cine.*

1. ...   2. ...   3. ...   4. ...   5. ...   6. ...   7. ...

VI. Pronunciación There is a sound in Spanish similar to that of the English *h* in *hey* or *high*, but generally pronounced with more emphasis (in Spain, with much more force). This sound is represented in Spanish by the letters **j (la jota)** and **g** followed by **e** or **i**.

A. Listen to the following words and phrases as you read along, and then repeat them after the speaker to practice this sound. Follow the model.

MODELO: You read and hear: **trabajo**
        You repeat: *trabajo*

1. Trabajamos el jueves.

2. geología

3. Es lógico.

4. Jorge Trujillo

5. El general viaja a Jirón, no a Gerona.

B. When the letter **g** appears in combinations other than **ge** and **gi,** it is pronounced in either of two ways. One is like the *g* in *golf.* The second way occurs when **g** follows any vowel or any consonant except **n.** In this second case it sounds like the *g* in *sugar* or slightly less distinct. Listen as you read along and repeat, following the same pattern as before.

1. muy guapo

2. agua

3. Dígame.

4. mis amigas

5. la iglesia sagrada

C. Now follow the same procedure with words and phrases that mix two or three of the **g** sounds.

1. Guadalajara

2. Hijo, ¿cuándo llega Jorge?

3. un gato gordo y otro gato delgado

4. Juego golf con Gabriel Godoy.

5. Gregorio toca la guitarra.

6. agua, jugo, gaseosa

7. Según la gente, el general es un genio.

VII. ¿Siempre o nunca? You will hear a statement about people who are going or who want to go somewhere. Make a comment using the expression of frequency provided. Be sure to pay attention to the word order in the written hint. Then listen for the correct response and repeat it. Follow the models.

MODELO A: You hear: (Tica) Quiero ir al museo.
               You read: **...a menudo.**
               You say: *Vas al museo a menudo.*
               You hear: (Luis) Vas al museo a menudo.
               You repeat: *Vas al museo a menudo.*

MODELO B: You hear: (Tica) Quiero ir al museo.
               You read: **Nunca...**
               You say: *Nunca vas al museo.*
               You hear: (Luis) Nunca vas al museo.
               You repeat: *Nunca vas al museo.*

1. Siempre...

2. Casi nunca...

3. ...siempre

4. Rara vez...

5. ...a menudo.

6. Rara vez...

7. Nunca...

VIII. ¡Yo también! Each time the speaker tells you that she wants or needs to do something, say that you do also. Suggest that you both go to the appropriate place, choosing from the drawings that follow. Then confirm your response by listening to the answer given by Cecilia or Daniel.

MODELO: You hear: (Speaker) Tengo muchísima hambre.
             You see: a drawing of a number of places
             You say: *Yo tengo hambre también. ¿Vamos a un restaurante?*
             You hear: (Cecilia) Yo tengo hambre también. ¿Vamos a un restaurante?

Modelo

1.

2.

3.

4.

5.

1. ...   2. ...   3. ...   4. ...   5. ...

IX. **¿Adónde vamos ahora?** Study the tickets and announcements for places in Segovia, Spain, and Bogotá, Colombia.

△ HINT: Note the new vocabulary. **El Alcázar** is a famous castle in Segovia.

A. Answer the questions you hear in the negative, supplying the correct information. Check your response by listening to the correct answer. Follow the model.

MODELO: You hear: (Mauricio) ¿Quién presenta la obra teatral *Vamos a contar mentiras*? ¿El Teatro Universal?
You say: *No, el Teatro Actores de Colombia.*
You hear: (Miguel) No, el Teatro Actores de Colombia.

1. ...   2. ...   3. ...   4. ...   5. ...

B. Now follow the same procedure, but this time answer the questions by giving the information requested. Follow the model.

MODELO: You hear: (Mauricio) ¿Cuántos números de teléfono tiene el Teatro Santa Fe?
You say: *Tiene dos.*
You hear: (Miguel) Tiene dos.

1. ...   2. ...   3. ...   4. ...   5. ...   6. ...   7. ...

X. Radio Futuro Miguel is helping Brian practice with verbs.

A. Take Brian's part to complete Miguel's statements; then listen for the correct answers. When Miguel ends the lesson, use the space that follows to take notes on the surprising thing that happens next. Afterwards you will have to say whether certain statements are true or false.

> MODELO: You hear: (Miguel) Vamos a practicar con el verbo preferir. Silvia pre-
> fiere la música rock, y tú y yo también...
> You read: **la música rock**
> You say: *...preferimos la música rock.*
> You hear: (Miguel) ...preferimos la música rock. Muy bien.

1. hablar   2. comer algo   3. escuchar discos de rock español

> Miguel: Bueno, final de la lección. Quiero transmitir por Radio Futuro. Muy buenas tardes, amigos de Radio Futuro. Habla Miguel Palacios...

_____

_____

_____

_____

_____

_____

_____

_____

B. Now listen to the following statements about Miguel's **Radio Futuro** broadcast and telephone conversation. Mark **Cierto** if the statement is true and **Falso** if it is false. Follow the model.

△ HINT: During this episode, Miguel hears from the anonymous person once again. The anonymous person that we nicknamed Gregorio makes certain predictions for Miguel. Gregorio uses the construction **ir a** + *infinitive*. Listen for examples of this tense.

MODELO: You hear: (Narrator) Miguel tiene quince años.
You mark: *Falso*

1. ____Cierto   ____Falso

2. ____Cierto   ____Falso

3. ____Cierto   ____Falso

4. ____Cierto   ____Falso

5. ____Cierto   ____Falso

6. ____Cierto   ____Falso

7. ____Cierto   ____Falso

8. ____Cierto   ____Falso

9. ____Cierto   ____Falso

10. ____Cierto   ____Falso

CAPÍTULO OCHO

¿DÓNDE ESTÁ...?

I. Está cerca. Listen to the following expressions as you read along. Then repeat after the speaker the sentences containing those expressions. Follow the model.

MODELO: You read and hear: **cerca de**
You hear: La estación de policía está cerca del correo.
You repeat: *La estación de policía está cerca del correo.*

1. lejos de   3. entre   5. detrás de   7. al final de

2. frente a   4. en la esquina de   6. al lado de

II. Tres Ríos Look at the following drawing of the town of Tres Ríos.

A. You will hear a series of statements about places in the town. Correct each statement and then confirm your answer by listening to the correct response. Follow the model.

MODELO: You hear: (Narrator) La librería está al lado del correo.
You say: *No, está al lado de la Iglesia San Pablo.*
You hear: No, está al lado de la Iglesia San Pablo.

Δ HINT: Before completing this activity, review the drawing so that you may answer the questions more easily.

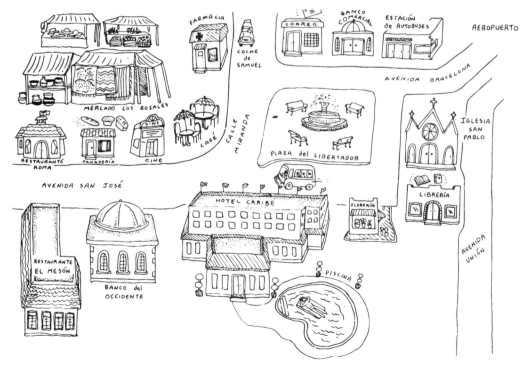

1. ...   2. ...   3. ...   4. ...   5. ...

B. Now answer each question you hear by saying aloud the name of the appropriate building, place, or street in Tres Ríos. Follow the model.

MODELO: You hear: Está entre el correo y la estación de autobuses.
You say: *El Banco Comercial.*
You hear: El Banco Comercial.

1. ...   2. ...   3. ...   4. ...   5. ...   6. ...   7. ...

C. Now say where you will go in Tres Ríos in each of the following circumstances. Follow the model.

MODELO: You hear: Te gustan las películas.
You say: *Voy al cine.*
You hear: Voy al cine.

1. ...   2. ...   3. ...   4. ...   5. ...   6. ...

III. Están en la plaza. Answer each question using the place you hear. Then listen for the correct answer and repeat it. Follow the model.

MODELO: You hear: ¿Dónde están ustedes?
En la plaza.
You say: *Estamos en la plaza.*
You hear: Estamos en la plaza.
You repeat: *Estamos en la plaza.*

Δ HINT: Before completing this activity, review the verb **estar.**

1. ...   2. ...   3. ...   4. ...   5. ...   6. ...   7. ...

IV. Pronunciación: La /s/ In both Spain and Latin America, words spelled with the letter **s** have a pronunciation identical or similar to the *s* in the English word *lesson.*

A. Listen to Emilia say the following phrases as you read along. Repeat each phrase after you hear it. Follow the model.

MODELO: You read and hear: (Emilia) **seis hombres**
You say: *seis hombres*

1. mucho más

2. otros amigos

3. todos tus tíos

4. Sí, señor.

5. No está lejos.

6. la esquina

7. ¿Eres tú?

8. sesenta y siete

9. el quiosco

B. In Latin America, words spelled with a **z** or **ce** or **ci** have the same pronunciation as those with **s.** Listen and repeat each word or phrase after you hear it.

1. cero

2. plaza

3. farmacia

4. cine

5. Estamos cerca.

6. Voy al centro.

7. el zoológico

8. la piscina

9. la estación central

10. Cecilia

V. Emilia en Tres Ríos On her first visit to Tres Ríos, Emilia is looking for certain places. Using the map of Tres Ríos, take the role of someone familiar with that town, and answer her questions by giving directions based on the following hints. Then listen for the correct answer. Follow the model.

MODELO: You hear: (Emilia) Ahora, estoy en la estación de autobuses. ¿Cómo
                           llego al Hotel Caribe, por favor?
                 You read: **cruce y siga**
                 You say: *Cruce la plaza y siga derecho.*
                 You hear: (Narrator) Cruce la plaza y siga derecho.

1. cruce y vaya

2. cruce y doble

3. doble y siga

VI. ¿Haga algo? *(Should I do something?)* Sometimes you have to listen carefully to verb endings to know whether a command **(un mandato)** is being given or whether the speaker is simply providing information **(información).** Listen to each phrase. Determine whether it is a command or information, and mark the appropriate choice in the following list. Check your answers with the answer key. Follow the model.

MODELO: You hear: Coman ahora.
                 You mark: ✓ mandato   ____información

1. ____mandato   ____información

2. ____mandato   ____información

3. ____mandato   ____información

4. ____mandato   ____información

5. ____mandato   ____información

6. ____mandato   ____información

7. ____mandato   ____información

8. ____mandato   ____información

9. ____mandato   ____información

10. ____mandato   ____información

11. ____mandato   ____información

12. ____mandato   ____información

13. ____mandato   ____información

14. ____mandato   ____información

15. ____mandato   ____información

VII. Consejos *(Advice)* **Los señores Alarcón** are friends of Patricia's parents, and they are visiting the United States for the first time. Each time they mention their habits, likes, and dislikes, give them advice with the **Ud.** or **Uds.** commands and the hints provided. Then listen for Patricia's response and repeat it. Follow the model.

MODELO: You hear: (Señor Alarcón) Patricia, usted sabe mucho de los Estados
Unidos. ¿Debemos ir a California?
You read: **sí**
You say: *Sí, vayan Uds. a California.*
You hear: (Patricia) Sí, vayan Uds. a California.
You repeat: *Sí, vayan Uds. a California.*

1. sí

2. no

3. no

4. sí

5. sí

6. no

7. sí

VIII. **¡No usen mi coche!** Your friends are doing things you don't want them to do. Listen to what they do and give a negative **Uds.** command. Then listen to the correct answer and repeat it. Follow the model.

MODELO: You hear: Ellos usan mi coche.
                You say: *¡No usen mi coche!*
                You hear: ¡No usen mi coche!
                You repeat: *¡No usen mi coche!*

1. ...   2. ...   3. ...   4. ...   5. ...   6. ...

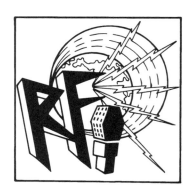

IX. **Radio Futuro** As Emilia listens to a series of short **Radio Futuro** announcements from Spain, Puerto Rico, and Mexico, she dozes off and seems to carry on a strange "conversation" with a familiar voice.

△ HINT: During the last episode, Gregorio, the anonymous voice, talked to Miguel.

A. Take notes on the broadcasts and what happens afterwards; you will be asked questions about what occurs.

¿Qué hace Tica? _____

_____

_____

Cecilia quiere... _____

_____

_____

Emilia está... _____

_____

Emilia va... _____

_____

¿Como es Miguel? _____

_____

_____

¿Qué hace Emilia? _____

_____

Emilia recibe... _____

B. Now answer the following questions or correct the statements about what you just heard. Then confirm your response by listening to the correct answer. Follow the models.

MODELO A: You hear: ¿Qué necesita Miguel para su conjunto musical?
You say: *Necesita opiniones.*
You hear: Necesita opiniones.

MODELO B: You hear: Miguel necesita instrumentos para su conjunto musical.
You say: *No, Miguel necesita opiniones.*
You hear: No, Miguel necesita opiniones.

1. ... 2. ... 3. ... 4. ... 5. ... 6. ... 7. ...

```
~~~~~~~~~~~~~~~
CAPÍTULO NUEVE
~~~~~~~~~~~~~~~
```

¡LA FIESTA DEL PUEBLO!

I. Festivales, bailes y concursos Listen to each conversation and choose between the options provided to determine at what kind of event the conversation is taking place. Then say the place name out loud. Confirm your response by listening to the correct answer. As you listen, focus on the words you know and try not to be distracted by unfamiliar vocabulary. Follow the model.

MODELO: You hear: (Daniel) Tienen colores muy bonitos. Me gusta el folklore.
   (Cecilia) Tengo una amiga en la procesión. Ella camina allí cerca de las tres señoras que van delante.
   You read: **un desfile   un baile popular**
   You say: *un desfile*
   You hear: (Daniel) un desfile

1. un baile folklórico   un baile popular

2. un festival artístico   el Día de la Independencia.

3. un concurso de música   unos fuegos artificiales

4. un festival de cine   una misa especial

II. Todavía tenemos tiempo. *(We still have time.)* When Patricia asks you what time it is, refer to the following drawings and say the time aloud. Patricia will then repeat the time and say at what time you have to be at a certain place. Respond by mentioning how much time you still have left before you have to be there. Confirm your answer by listening to Miguel's response. Follow the model.

MODELO: You hear: (Patricia) ¿Qué hora es?
   You see: a drawing of a clock
   You say: *Son las tres y media.*
   You hear: (Patricia) ¿Las tres y media? Necesitamos llegar al festival a las cinco y media.
   You say: *Todavía tenemos dos horas.*
   You hear: (Miguel) Todavía tenemos dos horas.

1.

2.

3.

4.

5.

III. La feria de Barranquitas In Puerto Rico, Luis, Tica, and their friend Rafael are at a fair in the plaza of the town of Barranquitas, enjoying crafts, music, and regional foods.

A. Listen to their conversation and take notes on the lines provided. You will be asked questions afterwards.

Amanda es... _____

Tica no va a estar... _____

_____

Los padres de Luis... _____

_____

Luis acaba de... _____

_____

¿Qué hora es? _____

_____

Tipos de música... _____

_____

Tipos de bailes... _____

_____

Tipos de presentaciones... _____

_____

En la feria hay... _____

_____

_____

_____

B. Now answer the following questions or correct the incorrect statements you will hear. Confirm your response by listening to the correct answer. Follow the models.

MODELO A: You hear: ¿Dónde están Luis, Tica y Rafael? ¿En un museo?
You say: *No, están en la feria de Barranquitas.*
You hear: No, están en la feria de Barranquitas.

MODELO B: You hear: Luis, Tica y Rafael están en un museo.
You say: *No, están en la feria de Barranquitas.*
You hear: No, están en la feria de Barranquitas.

△ HINT: Before completing this activity you may wish to review the previous tape activity and the notes you took. The two models provided here allow you to react to similar situations.

1. ... 2. ... 3. ... 4. ... 5. ... 6. ... 7. ... 8. ... 9. ...

IV. ¿A qué hora vienes? You will hear a series of questions with the verb **venir.** Answer each question you hear using the appropriate form of **venir** and the time of day provided. Then listen for the correct response and repeat it. Follow the model.

MODELO: You hear: (Narrator) ¿A qué hora vienes a la fiesta?
You read: **10:00**
You say: *Vengo a las diez.*
You hear: (Dorotea) Vengo a las diez.
You repeat: *Vengo a las diez.*

△ HINT: Before completing this activity, review the verb **venir** on page 209 of your text.

1. 8:30
2. 1:00
3. 7:30
4. 5:00 o 5:30

5. 9:00 o 10:00
6. 3:00
7. 4:00

V. Pronunciación: /n/ y /ñ/ Listen to Tica as she pronounces the following words and phrases as you read along. Repeat each word or phrase after you hear it. Follow the model.

MODELO: You read and hear: **la Avenida Núñez**
You say: *la Avenida Núñez*

1. cañón
2. los señores Ordóñez
3. Diego de Oñate
4. unas montañas bonitas
5. el panteón de Nariño
6. bananas y piñas
7. la región andina
8. Los niños de Ana Quiñones llegan mañana.

VI. La lección de Brian Miguel is helping Brian use **su** and **sus** in sentences. Take Brian's part and answer Miguel's questions based on the written hints. Then listen to Miguel confirm Brian's answer. Follow the model.

MODELO:　You hear:　(Miguel) ¿Y las llaves? ¿Son de Silvia?
　　　　　You read:　**sí**
　　　　　You say:　*Sí, son sus llaves.*
　　　　　You hear:　(Miguel) Sí, son sus llaves. Muy bien.

△ HINT: Remember that **su** is used before a singular noun and **sus** is used before a plural noun.

　1. Sí...

　2. Sí...

　3. No...

　4. ...

　5. ...

VII. Está triste. Tell how the following people feel using the appropriate form of **estar** with the adjectives provided. Then listen for the correct response and repeat it. Follow the model.

MODELO:　You hear:　　(Narrator) ¿Y Carlos y Luis?
　　　　　You read:　　**contento**
　　　　　You say:　　*Carlos y Luis están contentos.*
　　　　　You hear:　　Carlos y Luis están contentos.
　　　　　You repeat: *Carlos y Luis están contentos.*

△ HINT: The dictionary forms of the adjectives are provided here; change them to match the nouns. You may also wish to review the verb **estar** on page 214 of your text before completing this activity.

1. cansado	4. triste
2. enfermo	5. contento
3. aburrido	6. enojado

VIII. ¿Cómo están? As you listen to the following descriptions, concentrate on the general idea of what is being said, and try not to be distracted by unfamiliar vocabulary. Then say aloud how the person(s) speaking or referred to feel(s), using **estar** and the appropriate adjective. Then listen for the correct answer and repeat it. Follow the model.

MODELO:　You hear:　　(Tica) La madre de Luis trabaja mucho. Necesita descansar.
　　　　　　　　　　　¡Pobre mujer!
　　　　　You say:　　*Está cansada.*
　　　　　You hear:　　(Narrator) Está cansada.
　　　　　You repeat: *Está cansada.*

△ HINT: The possiblities are found in Activity VII above.

　1. ...　2. ...　3. ...　4. ...　5. ...　6. ...　7. ...

IX. Radio Futuro

A. Emilia Quintero, from Colombia, calls Miguel Palacios in Madrid. They exchange some small talk about their lives. They firm up plans for Emilia's impending visit to Spain. As you talk, take notes on what they say.

_____

_____

_____

_____

_____

_____

_____

_____

B. Now you will hear a series of statements about the **Radio Futuro** episode you just heard. Decide if the statements are **probable** or **improbable.** Circle the appropriate word in your lab manual.

1. probable improbable		4. probable improbable
2. probable improbable		5. probable improbable
3. probable improbable		6. probable improbable

I. Chile y los números Listen to the following information about the population of Chile. Fill in the empty spaces in the outline below, writing the missing numbers you hear. (Write the numerals—do not spell out the words.) You will hear the entire passage twice in order to give you time to accomplish this. Answers are in the answer key.

Vocabulario: **por ciento:** *percent*; **edad:** *age*; **población:** *population*; **hogar:** *household*

Primero, la composición de la población por edades: _____ por ciento de los

chilenos tienen 19 años o menos; 33 por ciento tienen entre 20 y _____

años; 20 por ciento tienen entre 40 y 64 años; y 6 por ciento de

la población tienen _____ años o más. Chile es un país

urbano: _____ por ciento de los chilenos viven en las ciudades.

Las ciudades más grandes son Santiago, la capital, y varias

ciudades mucho más pequeñas, como Concepción, Viña del Mar y

Valparaíso.

Viven entre dos y cuatro personas en _____ por ciento de los hogares

chilenos. _____ por ciento de los hogares tienen de _____ a _____ personas.

Solamente _____ por ciento de los hogares tienen _____ personas o más.

II. Minidictado: Las hermanas. As siblings sometimes do, Emilia and Clara have complaints about each other. Emilia responds to her sister Clara's complaints about her. As you listen to what she says, fill in the missing words. You will hear the passage twice.

Mi hermana Clara _____ —a veces. Pero no comprendo por

qué _____ conmigo. También está furiosa con mis amigas, porque usan el

baño. ¡Es ridículo! Cuando _____ a nuestra casa, las amigas de ella también

usan el baño. Y _____ _____ aquí seis o siete de _____

amigas —nuestra madre no está en casa, claro— y ellas… pues, no _____ a decir,

porque Clara siempre dice que hablo mucho. Y las otras acusaciones, pues,

_____ estoy un poco _____, o _____ aburrida, y entro

_____ cuarto de Clara. No es un acto criminal, ¿verdad? Y yo no tengo

_____, si ella no sabe dónde _____ sus discos, yo no soy

responsable. Y también… oh, _____ siete y diez, Clara y yo vamos al cine y no

_____. ¡Hasta luego!

III. ¿Qué debo decir? Listen to each statement or question, then read aloud the most
appropriate answer from the choices provided. Then confirm your response by listening to the correct answer. Follow the model.

MODELO: You hear: (Narrator) Doble a la izquierda y siga derecho. Allí está.
  You read: **(a) Lo siento mucho.**
    (b) ¿Estás listo?
    (c) Muchas gracias.
  You say: *Muchas gracias.*
  You hear: (Emilia) Muchas gracias.

1. (a) Trabaje Ud. en el restaurante.

  (b) Gracias, pero tengo que estar en el hospital a las 2:00.

  (c) Está en el concurso de poesía.

2. (a) Sí, está frente a la Plaza de la Constitución.

  (b) Comemos a las diez de la noche.

  (c) Mi mochila no está aquí.

3. (a) Hay un perro en la carnicería.

  (b) Yo sí. A mí me gustan los desfiles.

  (c) ¿Cuándo? ¿A las nueve?

4. (a) Claro, en la feria de la plaza central.

  (b) Sí, estoy en el baño.

  (c) No, pero no quiero ir. Estoy cansado.

5. (a) En la catedral, a las seis. ¿De acuerdo?

  (b) Bebemos en el café.

  (c) En Caracas y Maracaibo.

6. (a) Es de Juan, no de Mario.

  (b) Mis amigos y yo preferimos ir a las 5:00.

  (c) Señor, ¿cómo llego al correo?

7. (a) Está muy lejos de aquí.

   (b) No voy a la farmacia. No estoy enfermo.

   (c) No es mi gato. Lo siento mucho.

8. (a) Sí, son sus amigos.

   (b) No. Lo siento mucho.

   (c) ¿Es tu bicicleta?

9. (a) Claro, vas a Colombia.

   (b) No, ella viene aquí. Viene a Madrid.

   (c) ¡Hay una cucaracha en mi cama!

CUARTA UNIDAD

Vamos al centro

CAPÍTULO DIEZ

¿QUIERES IR AL CENTRO?

I. ¿Para qué vamos? In Mexico, Cecilia, Daniel, and their visiting cousin Patricia are going downtown. All of them indicate that they or others are going downtown for a particular reason. Restate their purposes for going downtown, based on the more appropriate of the two choices supplied. Then confirm your response by listening to the correct answer. Follow the model.

△ HINT: Don't forget to change the verb to indicate how many people are going.

MODELO: You hear: (Cecilia) Voy al centro. Daniel necesita unas cosas del correo.
You read: **hacer un mandado**
hablar con Daniel
You say: *Va al centro para hacer un mandado.*
You hear: (Narrator) Va al centro para hacer un mandado.

1. comprar un disco compacto
   ver un grupo español

2. cenar con sus amigos
   ir al cine

3. preparar un viaje a la Argentina
   visitar una galería de arte

4. ir de compras
   ir a la escuela

5. ver a una amiga
   ir a Monterrey con su familia

6. dar un paseo
   mirar un programa de televisión

7. ver a su padre
   hacer un mandado

II. Planes para el fin de semana Miguel is talking with his friend Elena about what they and their friends are planning for the weekend. Respond to the questions you hear, using the cues provided. Then confirm your answer by listening to what Miguel or Elena replies. Follow the model.

MODELO: You hear: (Miguel) Tú y tus amigas vais a ir al centro el sábado, ¿verdad?
   You read: **el viernes**
   You say: *No, vamos a ir al centro el viernes.*
   You hear: (Elena) No, vamos a ir al centro el viernes.

1. el sábado

2. el domingo

3. el viernes

4. el martes

5. el jueves

6. el miércoles

7. el lunes

III. Pronunciación: /h/ Listen to each of the following words and phrases as you read along, and then repeat each one after the speaker. Follow the model.

MODELO: You read and hear: **hay**
   You repeat: *hay*

1. hispanoamericano

2. ahora

3. ¿Qué hora es?

4. Hola, ¿qué haces?

5. Hay muchos hombres.

6. Hablamos con la gente hispana.

7. El general Huerta tiene hambre.

IV. Emilia está ocupada. Each time Mauricio tries to make plans with Emilia, she says she can't and gives him an excuse. Take her part in their conversation, building on the verbs from her calendar to create your answer. Then listen to Emilia's actual answer to check your response. Her response may not be identical to your own, but the idea should be the same. Follow the model.

MODELO: You hear: (Mauricio) Emilia, ¿vamos al cine el lunes?
   You see: calendar
   You say: *¿El lunes? No puedo. Tengo que mirar un programa sobre España en la televisión.*
   You hear: (Emilia) ¿El lunes? No puedo. Debo mirar un programa en la televisión. Es sobre España.

L	M	M	J	V	S	D
18 televisión—mirar programa sobre España	19 estar en casa—recibir llamada telefónica de España	20 estudiar para un examen	21 agencia de viajes	22 ir al centro con amigas —comprar discos compactos	23 al centro—comprar cosas para viajes	24 11:00 a.m. estar en aeropuerto
25 ¡España!	26	27	28	29	30	31

1. ... 2. ... 3. ... 4. ... 5. ... 6. ...

V. ¿Qué hago yo ahora? Mauricio is thinking out loud about what Emilia has just told him while he writes in his diary. Listen to what Mauricio says and fill in the blanks with the appropriate missing words.

△ HINT: Before completing this activity, you may wish to review the calendar in the previous activity. It may help you to rewrite the paragraph in your notebook after listening or to practice saying the paragraph out loud.

Emilia es una chica extraordinaria que va a _____ para ver a

Miguel. Ella dice que va a cruzar el Atlántico. El _____ prefiere

mirar un programa sobre España. El martes _____. El miércoles

_____ para un examen. El jueves va a la agencia de viajes y des-

pués va _____. No _____ conmigo el domingo

porque tiene que estar en el aeropuerto a las once de la mañana. No estoy nada con-

tento.

VI. Padres estrictos Take the role of strict parents. When your children say that they feel like doing something, say that they can do that later, but first they are going to do whatever is indicated by the cues provided. Confirm your response by listening to what the parents actually say. Follow the model. Don't forget to change the verb to reflect the number of people indicated.

MODELO: You hear: (Tica) Tengo ganas de ir al festival esta noche. Es a las siete.
You read: **practicar el piano**
You say: *Puedes ir al festival más tarde. Ahora vas a practicar el piano.*
You hear: (Madre) Puedes ir al festival más tarde. Ahora vas a practicar el piano.

△ HINT: This activity works on the expressions **tener ganas, poder,** and **ir a.** You may wish to review them before completing the activity.

1. estudiar química y matemáticas
2. ir al mercado con tu mamá
3. hacer un mandado importante
4. hablar con tu tía
5. ir al correo
6. comer con nosotros
7. ir a la librería conmigo
8. ir a la panadería

VII. Las actividades de mis amigos Your friends tell you about their activities and those of their friends. You respond to their statements by asking what they do on the days indicated. Follow the model.

MODELO: You hear: Cristina trabaja los lunes.
You read: **los martes**
You say: *¿Qué hace Cristina los martes?*
You hear: ¿Qué hace Cristina los martes?
You repeat: *¿Qué hace Cristina los martes?*

1. los martes
2. los jueves
3. los viernes y los sábados
4. los domingos
5. los miércoles

VIII. Puedo ir.

A. Answer each question you hear about how people will travel, using the appropriate form of **poder** and **preferir** with the hints that follow. Then listen for the correct answer and repeat it. Follow the model.

MODELO: You hear: (Narrator) ¿Ustedes van en autobús?
You read: **autobús… coche**
You say: *Podemos ir en autobús, pero preferimos ir en coche.*
You hear: (Rafael) Podemos ir en autobús, pero preferimos ir en coche.
You repeat: *Podemos ir en autobús, pero preferimos ir en coche.*

1. metro...taxi

2. a pie...coche

3. autobús...metro

4. taxi...a pie

5. coche...bicicleta

B. Now follow the same procedure, this time using **poder** and **deber** with the hints that follow. Then listen for the correct answer and repeat it. Follow the model.

MODELO: You hear: (Narrator) ¿Pablo va mañana?
You read: **mañana... esta tarde**
You say: *Puede ir mañana, pero debe ir esta tarde.*
You hear: (Patricia) Puede ir mañana, pero debe ir esta tarde.
You repeat: *Puede ir mañana, pero debe ir esta tarde.*

1. jueves...martes

2. sábado...miércoles

3. mañana...hoy

4. esta tarde...ahora

5. nueve y media...nueve

IX. Radio Futuro

A. Listen to the following telephone conversation between Emilia in Bogotá and Miguel in Madrid. Concentrate on what you understand and try not to be distracted by unfamiliar vocabulary. Take notes on the general idea in the space provided. Be prepared to answer both oral and written questions later. You will hear the passage twice.

Δ   HINT: In the last episode, Emilia was making plans to visit Miguel in Spain. Before completing this activity think about how Emilia would likely travel and what activities would be logical.

Emilia habla con... _____

Emilia va... _____

El vuelo llega... _____

_____

Emilia va a viajar con... _____

_____

Miguel y Emilia hacen... _____

_____

La Alhambra está... _____

_____

Miguel está... _____

_____

B. Now answer the following questions or correct the inaccurate statements, based on what you just heard. Confirm your response by listening to the correct answer, which may vary slightly from your own. Follow the model.

MODELO: You hear: Miguel llama a Emilia por teléfono.
         You say: *No, Emilia llama a Miguel.*
         You hear: No, Emilia llama a Miguel.

1. ...   2. ...   3. ...   4. ...   5. ...   6. ...   7. ...

VAMOS A TOMAR EL METRO

I. En el avión During her flight from Bogotá to Madrid, Emilia is reading about Spain and thinking about what she will do there. Check off the words and phrases that she actually says. You will hear the correct answers afterwards. Follow the model.

MODELO: You hear: Este libro dice que Madrid tiene un metro muy completo y muy bueno. No voy a necesitar ir en taxi. Claro, voy a ir con mi amigo, con Miguel.

               You read: **tiene un metro   estar en Texas**

               You check: __✓__ tiene un metro   _____ estar en Texas

△ HINT: Before beginning this activity, you may wish to brainstorm activities you would likely do in Spain.

1. _____ puedo bajar en la estación   _____ puedo trabajar en la estación

2. _____ otras vacaciones   _____ otras estaciones

3. _____ compro una bicicleta   _____ un mercado inmenso

4. _____ tomo el metro   _____ tomo el taxi

5. _____ puedo ir al Corte Inglés   _____ puedo estudiar inglés

6. _____ en la calle Princesa   _____ una francesa

7. _____ voy a estar con mi tía   _____ voy a esquiar con mi tía

II. ¿Cuándo vamos? Listen to each group of words and phrases, and repeat the one that is an expression of time. Confirm your answer by listening to a sentence or question that includes that time expression. Then repeat the entire sentence. Follow the model.

MODELO: You hear: (Daniel) de pie... el lunes... una taquilla

               You say: *el lunes*

               You hear: (Cecilia) El lunes pienso estudiar.

               You repeat: *El lunes pienso estudiar.*

1. ...   2. ...   3. ...   4. ...   5. ...   6. ...   7. ...   8. ...

III. Pronunciación: /ch/ Repeat the following words and phrases as you read along. Follow the model.

△ HINT: Although in some countries **ch** has ceased to exist as a separate letter, it remains a consistent sound in Spanish. It is never pronounced as the *ch* in *chic*.

MODELO: You read and hear: **ochenta kilos**
You repeat: *ochenta kilos*

1. ¿Muchachas o chicas?

2. ¿Qué hace el muchacho?

3. chocolate

4. Hay ocho dólares en mi mochila.

5. Acabo de tomar mucha leche.

6. Doña Chona viene por la noche.

7. Viven muchos chilenos en esta ciudad.

IV. Quiero decir… Emilia is used to acting independently, but now that she is in Spain, she thinks about including Miguel or her aunt in her plans. Change what she says to a sentence using the **nosotros** form, starting with **Quiero decir** *(I mean)*. Then listen for the correct response. Follow the model.

MODELO: You hear: Pienso bajar en Sol y después ir a Galerías Preciados.
You say: *Quiero decir, pensamos bajar en Sol y después ir a Galerías Preciados.*
You hear: Quiero decir, pensamos bajar en Sol y después ir a Galerías Preciados.

1. …   2. …   3. …   4. …   5. …   6. …   7. …   8. …   9. …   10. …

V. Es lógico, ¿no? Listen to each statement, then choose from the following list the most logical time reference to refer to that statement. Confirm your response by listening to a complete sentence that contains the correct time reference. Then repeat the correct answer after the speaker. Follow the model.

MODELO: You hear: Prefiero ir a pie de mi casa a la escuela. Llego en…
You read: **15 minutos…tres horas…un año**
You say: *quince minutos*
You hear: Llego en quince minutos. Vivimos muy cerca.
You repeat: *Llego en quince minutos. Vivimos muy cerca.*

1. dos semanas…media hora…este mes

2. en dos años…mañana por la mañana…el domingo a las once de la noche

3. el año próximo…en cinco minutos…esta mañana a las ocho o nueve

4. en tres meses…este año…mañana

5. un mes…muchos años…una o dos semanas

6. esta noche a las nueve…esta tarde…el mes próximo

7. octubre o noviembre…pocos minutos…una semana

8. unas horas…treinta segundos…un mes entero

9. mañana por la noche…en dos meses…ayer por la noche

10. hoy…esta noche a las diez…el año próximo

VI. ¿Ahora o mañana? Choose the earliest of the two time expressions you hear in each sentence and say it aloud. Then listen for the correct answer and repeat it. Follow the model.

MODELO: You hear: Pienso ir hoy por la noche o mañana por la mañana.
You say: *hoy por la noche*
You hear: hoy por la noche
You repeat: *hoy por la noche*

1. … 2. … 3. … 4. … 5. … 6. … 7. … 8. …

VII. ¿Piensas ir esta semana? Answer each question you hear in the negative, changing the time reference to one day, week, month, etc. further into the future. Then listen to the correct answer and repeat it. Follow the model.

MODELO: You hear: (Narrator) ¿Piensan Uds. ir esta semana?
You say: *No, pensamos ir la semana próxima.*
You hear: (Emilia) No, pensamos ir la semana próxima.
You repeat: *No, pensamos ir la semana próxima.*

△ HINT: You may wish to practice and study time expressions before completing this activity.

1. … 2. … 3. … 4. … 5. … 6. … 7. …

VIII. ¿Qué y cuándo? Each time that Luis or Tica says what he or she or others feel like doing, plan to do, have to do, etc., ask a question using **pensar** and the time expression provided. Confirm your response by listening to the correct answer and repeating it. Follow the model.

MODELO: You hear: (Luis) Mi amiga quiere ir a Costa Rica.
You read: **este mes**
You say: *¿Piensa ir este mes?*
You hear: (Tica) ¿Piensa ir este mes?
You repeat: *¿Piensa ir este mes?*

1. esta noche

2. ahora

3. este año

4. hoy por la tarde

5. esta semana

6. el viernes próximo

7. el miércoles por la tarde

Capítulo once **Vamos a tomar el metro** 75

IX. Radio Futuro con Emilia Emilia meets Miguel at the airport. The Barajas Airport is busy, and Emilia's aunt is looking for a missing suitcase. Listen to what Miguel or Emilia says, and form a response from the words provided. Then confirm your answer by listening to the actual response (which may not be identical to your own) and repeating it. Follow the model.

MODELO: You hear: (Emilia) ¡Miguel! Eres idéntico a tu foto. Eres Miguel
Palacios, ¿verdad? Soy Emilia.
You read: **Sí... Miguel... ¿Cómo estás? ¿Dónde... tu tía?**
You say: *Sí, soy Miguel. ¿Cómo estás? ¿Dónde está tu tía?*
You hear: (Miguel) Sí, soy Miguel. ¿Cómo estás, Emilia? ¿Dónde está
tu tía?
You repeat: *Sí, soy Miguel. ¿Cómo estás, Emilia? ¿Dónde está tu tía?*

1. Mi tía piensa... a su apartamento. Yo... con ella y hablamos... la tarde.

2. Sí,... no en este momento. Ella va a... ocupada.

3. ...ir a muchos lugares. ...de leer tantas cosas sobre España.

4. Si quieres, ...ir por metro... los museos. ¿...ir al Prado... semana?

5. Sí, quiero... muchas cosas. Cosas para... padres, mis primas, mis amigas.

6. Aquí... el número de teléfono donde... a estar.

CAPÍTULO DOCE

¿CÓMO VAMOS?

I. En un taxi It is common in larger cities to travel by taxi. Take the part of a taxi driver, and, using the cues provided, tell various tourists how much the fare is. When the tourists repeat the price and offer you larger bills, offer the correct change. Confirm your response by listening to the correct answer. Follow the model.

MODELO: You hear: (Tourist) Muchas gracias. ¿Cuánto es, por favor?
                      You read: **18.000 pesos**
                      You say: *Dieciocho mil pesos.*
                      You hear: (tourist) ¿Dieciocho mil? Aquí tiene veinte mil.
                      You say: *Aquí tiene el cambio, dos mil pesos.*
                      You hear: (Narrator) Aquí tiene el cambio, dos mil pesos.

△ HINT: While **pesestas** are used solely in Spain, **pesos** are used in a variety of countries and differ greatly in exchange rates. You may wish to check your local newspaper for a current listing of exchange rates.

1. 9.000 pesos

2. 500 pesetas

3. 4.600 pesetas

4. 900 pesos

5. 1.200 pesos

II. Madrid, una ciudad para los turistas Silvia and Lola, Miguel's sisters, are excited about Emilia's visit and are bombarding her with information about Madrid and what she should see.

A. Try to remember as much as possible of what they tell her, and take notes on the lines provided. You will be asked questions afterwards. Concentrate on what you understand, and try not to be distracted by unfamiliar vocabulary. You will hear the passage twice.

△ HINT: You may wish to consult your text or a travel guide before completing this activity.

El Palacio Real tiene... _____

_____

Ellos toman...   _____ el metro   _____ un taxi.

Cuesta... _____ pesetas del centro de Madrid a la Plaza del Oriente.

Emilia... _____ come muchas tapas.   _____ espera comer muchas tapas.

Van a la Puerta del Sol en... _____

El Retiro es... _____

Emilia y Miguel van... _____

△ HINT: Since Silvia and Lola are from Madrid, they speak with features typical of that area. The **c** before **e** and **i** and **z** sound like the *th* in *think*. So, **plaza** sounds like *pla/tha,* and **palacio** sounds like *pa/la/thi/o.*

B. Now listen to the following statements. Repeat the statement you hear if it is accurate. Correct it if it is wrong. Then confirm your response by listening to the correct answer. It may not be exactly the same as your own. Follow the models.

MODELO A: You hear: Emilia acaba de leer sobre el Palacio Real.
        You say: *Sí, acaba de leer sobre el Palacio Real.*
        You hear: Sí, acaba de leer sobre el Palacio Real.

MODELO B: You hear: Emilia acaba de ir al Palacio Real.
        You say: *No, acaba de leer sobre el Palacio Real.*
        You hear: No, acaba de leer sobre el Palacio Real.

1. ...   2. ...   3. ...   4. ...   5. ...   6. ...   7. ...

III. Pronunciación: */ll/* Repeat the following words and phrases as you read along. Follow the model. The first speaker you hear is from Puerto Rico, the second from Spain, the third from Argentina, and the fourth from Colombia.

MODELO: You read and hear: **llegan**
           You repeat: *llegan*

△ HINT: In the Spanish-speaking world, the pronunciation of **ll** varies widely. In Puerto Rico, the **ll** sounds a great deal like the *j* in *Joe.* In Spain, **ll** is like *l* + *y.* In Argentina, it sounds like the *s* in *pleasure.* In Colombia, it is like the *y* in *yes.* Listen as speakers from each of these areas pronounce these words and phrases. Repeat after each speaker.

1. ellos llegan

2. tortilla

3. mis llaves

4. lleva la mochila

5. tres millones

6. pollo

7. en la calle

8. Ella se llama Elena.

IV. Quiero planear un viaje. In Puerto Rico, Luis's mother, Nydia Cáceres Soto, is talking to a travel agent about different trips and their prices. Take the role of the travel agent and respond to what Señora Soto says, choosing the most appropriate of the answers provided. Then confirm your response by listening to what the agent says. Follow the model.

Δ HINT: Since the scene takes place in Puerto Rico, the money discussed is American dollars **(dólares).**

MODELO: You hear: (Sra. Soto) Buenas tardes.
   You read: **(a) No quiero hablar con usted.**
      (b) Buenas tardes. ¿Esperas ir a Australia en el año 2010?
      (c) Buenas tardes. ¿En qué puedo servirle?
   You say: *Buenas tardes. ¿En qué puedo servirle?*
   You hear: (Agente) Buenas tardes. ¿En qué puedo servirle?

1. (a) Usted no tiene tiempo para viajar.
   (b) Muy bien. ¿A dónde piensa ir?
   (c) Yo también quiero planear un viaje. Pero cuesta demasiado.

2. (a) ¿Y cuándo espera hacer su viaje?
   (b) Mi primo acaba de ir a México. ¿Quiere usted cenar con él esta noche?
   (c) ¿Por qué piensa ir a México? ¿No le gusta Puerto Rico?

3. (a) Es posible comer en otra mesa.
   (b) ¿Cuántos van a viajar?
   (c) ¿Por qué no va el año que viene, o en dos años?

4. (a) Bueno. ¿Y adónde quieren ir? Hay muchas ciudades en México. Hay muchos lugares hermosos.
   (b) ¿No está ocupado su esposo?
   (c) ¿Su esposo? ¿Usted tiene esposo? Es imposible.

5. (a) Claro que cuesta mucho. ¡Todo cuesta mucho! Usted no es muy inteligente.
   (b) Una semana es mucho tiempo. Es mejor ir por un día.
   (c) Tenemos un tour completo, por quince días, que cuesta mil doscientos dólares por persona.

6. (a) Pueden visitar Madrid, Barcelona, Granada y Sevilla.
   (b) Pueden visitar la Ciudad de México, Guadalajara y Acapulco o Cancún.
   (c) Lo siento, no tengo información sobre las ciudades. Yo no sé... ¿qué hago aquí?

7. (a) Claro, señora. También pueden visitar otros lugares en autobús, por un poco más.
   (b) No hay viajes de ida y vuelta. Solamente de vuelta, en el mes de julio.
   (c) ¿Por qué quieren ir a un hotel? ¿No quieren vivir en la casa de mi primo?

8. (a) Mire, aquí tiene Ud. una descripción completa de los hoteles, con fotos.
   (b) Todos los hoteles son idénticos. Tienen cuartos, puertas, ventanas, camas y baños.
   (c) No, pero tengo una foto de mi perro y otra del gato de mi amigo.

V. Invitaciones y obligaciones As each person makes a suggestion about going some- where, he or she says when the trip is and how much it will cost. Check the statements you hear against the time and money obligations indicated. If you are able to go, say **De acuerdo.** If not, say **Lo siento** and give the reason. Confirm your response by lis- tening to the correct answer. Follow the models.

MODELO A: You hear: (Cecilia) Oye, mis padres y yo vamos a Taxco mañana por la mañana. Regresamos a las nueve o diez de la noche. ¿Quieres ir con nosotros?
You read: **mañana, las 11:00, hablar por teléfono con Elena**
You say: *De acuerdo.*
You hear: (Narrator) De acuerdo.

MODELO B: You hear: (Cecilia) Oye, mis padres y yo vamos a Taxco mañana por la mañana. Regresamos a las nueve o diez de la noche. ¿Quieres ir con nosotros?
You read: **mañana, la 1:00, visitar a tía Lupe**
You say: *Lo siento. No puedo. Mañana voy a visitar a mi tía.*
You hear: (Narrator) Lo siento. No puedo. Mañana voy a visitar a mi tía.

1. esta noche, ir al cine con primos

2. dinero para comprar cosas: 62 pesos

3. hoy, las 11:30, estar en casa para estudiar

4. dinero para comer: 80 pesos

5. la 1:00, comer con Pedro Morales

6. dinero total: 1.000 pesos

7. las 5:30, ir al cine con Jorge

VI. Brian y los números Miguel is helping Brian with numbers in Spanish. Listen to what Miguel says, then listen to Brian's answer. If the answer is correct, repeat it. If not, correct it. Check your response by listening to Miguel's comment. Follow the models.

MODELO A: You hear: (Miguel) Tienes cinco mil pesetas y compras algo que cuesta mil quinientas pesetas. Ahora, ¿cuánto tienes?
(Brian) Umm... tres mil quinientas.
You say: *Sí, tres mil quinientas.*
You hear: (Miguel) Sí, tres mil quinientas.

MODELO B: You hear: (Miguel) Tienes cinco mil pesetas y compras algo que cuesta mil quinientas pesetas. Ahora, ¿cuánto tienes?
(Brian) Umm... cuatro mil quinientas.
You say: *No, tres mil quinientas.*
You hear: (Miguel) No, tres mil quinientas.

1. ... 2. ... 3. ... 4. ... 5. ... 6. ... 7. ...

VII. Radio Futuro Miguel and his sister Lola are showing Emilia different parts of Madrid.

A. Concentrate on what you understand and try not to be distracted by **unfamiliar** vocabulary. Take notes on what they say, since you will be asked questions afterwards. You will hear the passage twice.

△ HINT: In the last episode, Gloria arrived at the airport with her aunt. Using information from the text or other sources, you may wish to plan an itinerary with your classmates.

Emilia, Miguel y Lola piensan ir... _____

_____

¿Cómo van? _____

_____

¿Cómo es Bogotá? _____

_____

Emilia y Miguel hablan sobre... _____

_____

B. Now correct the following statements about what you just heard. Then listen to the correct answer (which may vary slightly from yours) and repeat it. Follow the model.

MODELO: You hear: El Prado es un museo sudamericano.
          You say: *No, es un museo español.*
          You hear: No, es un museo español.
          You repeat: *No es un museo español.*

1. ...   2. ...   3. ...   4. ...   5. ...   6. ...

I. El Escorial

A. Listen to the following description of an important historic site near Madrid. As you listen, refer to the information on the ticket shown. Take notes in the space provided and be prepared to answer information questions that follow. Concentrate on what you understand and try not to be distracted by new vocabulary. You hear the passage twice.

△ HINT: You may wish to consult a travel guide or encyclopedia for more information concerning Madrid and its surroundings. Listen for the age of the fortress, where it is located, what features it has, etc.

PATRIMONIO NACIONAL

REAL MONASTERIO DE EL ESCORIAL

PALACIO • PANTEONES DE REYES • SALAS CAPITULARES • BIBLIOTECA
CASITA DEL PRINCIPE (PLANTA BAJA) • CASITA DE ARRIBA

PALAIS • PANTHEONS DE ROIS • SALLES DE CHAPITRE • BIBLIOTHEQUE
MAISONETTE DU PRINCE (REZ-DE-CHAUSSÉE) • MAISONETTE DU HAUT

PALACE • KING'S PANTHEONS • CHAPTER HALLS • LIBRARY
PRINCE'S COTTAGE (GROUND FLOOR) • THE UPPER COTTAGE

PTAS. 95   № 196433

B. Now answer the following questions or correct the statements you hear regarding what you just heard as well as what is contained on the ticket. Then confirm your response by listening to the correct answer. Follow the models.

MODELO A: You hear: ¿Cuántos años tiene El Escorial?
You say: *Tiene cuatrocientos treinta años.*
You hear: Tiene cuatrocientos treinta años.

MODELO B: You hear: El Escorial tiene trescientos cuarenta años.
You say: *No, tiene cuatrocientos treinta años.*
You hear: No, tiene cuatrocientos treinta años.

1. ... 2. ... 3. ... 4. ... 5. ... 6. ... 7. ... 8. ...

II. **Asociación de palabras** Pick out the word or phrase in each series you hear that does not fit in the same category (foods, means of transportation, etc.) as the others. Write it in the space indicated. Then check the answer key to confirm your answers. Follow the model.

MODELO: You hear: metro marzo bajar tren
You write: **marzo**

1. _____

2. _____

3. _____

4. _____

5. _____

6. _____

7. _____

III. **Minidictado: Patricia habla de sus hermanos.** As you listen to what Patricia says, fill in the missing words. You will hear the passage twice.

Soy Patricia, _____ de Cecilia y Daniel. Espero _____

a visitar a todos mis parientes allá, pero no sé cuándo. Tengo tres hermanos. El mayor

_____; ya está casado. Tiene un trabajo bueno

—es _____ en la ciudad. Él y su esposa _____ a vivir

en San Antonio porque ella _____ obtener un mejor trabajo allá. Mi otro

hermano se llama Juan José y _____. Quiere

ir mucho a la _____ y por eso dice que _____ en

California o en la Florida. Mi otro hermano, Carlos, tiene trece años pero es

_____. Come demasiado; a veces come cuatro hamburguesas o

_____. Cuando Carlos y yo _____, todo

el mundo cree que es _____ mayor.

IV. **¿Qué sigue?** *(What comes afterwards?)* Listen to each speaker say a sentence or two about a subject, then select from among the choices provided the sentence most likely to follow. Confirm your response by listening to what the person says. Follow the model.

MODELO: You hear: (Lola) Voy al Prado con mis amigas. Vamos a estar allí toda la tarde —hay tantos artistas que debemos estudiar.
You read: **(a) Me gusta estudiar la filosofía.**
(b) El Prado es un museo de fama internacional.
(c) Los artistas no estudian mucho.
You say: *El Prado es un museo de fama internacional.*
You hear: (Lola) El Prado es un museo de fama international.

1. (a) No hay metro aquí. Lo siento mucho.
   (b) ¿Por qué es difícil tener amigas?
   (c) Nos gusta explorar Madrid.

2. (a) Voy a tener una banda muy buena.
   (b) Pienso ser hermoso.
   (c) No tengo guitarra y no pienso comprar otra guitarra.

3. (a) Espero ir a un partido de fútbol muy pronto.
   (b) No me gusta el fútbol.
   (c) No me gusta la música.

4. (a) Los periodistas no tienen que escribir o hablar.
   (b) ¿Quieres comprar un automóvil?
   (c) Me gusta investigar y hacer preguntas.

5. (a) Pero primero, tengo que leer y estudiar. Mañana tengo un examen.
   (b) Acabo de escuchar un disco compacto de Gloria Estefan.
   (c) Pienso hablar italiano con mi profesora.

6. (a) No tenemos amigos. Estamos tristes.
   (b) Hay un metro en Madrid. Voy a la estación Atocha.
   (c) No sé cuándo piensa volver a Colombia. ¿Tiene billete de ida y vuelta?

QUINTA UNIDAD

Tu tiempo libre

CAPÍTULO TRECE

LOS PASATIEMPOS

I. **¡Qué me gusta eso!** You will hear a series of comments made by various Hispanic teenagers. React appropriately to each situation by using **gusta** and the appropriate indirect object pronoun **(me, te, le, les, nos).** Follow the model.

MODELO: You hear: Fui al parque anoche.
         You read: **caminar**
         You say: *Me gusta caminar.*
         You hear: Me gusta caminar.
         You repeat: *Me gusta caminar.*

1. nadar

2. leer

3. mirar

4. charlar

5. estudiar

6. escuchar

7. bailar

8. hacer ejercicios

II. **¿Pasado o presente?** Listen carefully to the verb endings in the statements you hear and try to determine if Luis and Tica are talking about the past or present; then mark the appropriate tense in the list provided. Remember to listen for which syllable is stressed in order to distinguish between the first-person singular of **-ar** verbs in the present (such as **hablo**) and the third-person singular in the past (**habló**). Answers are in the answer key. Follow the model.

MODELO: You hear: (Luis) Estudió aquí.
You mark: *pasado*

1. ____ pasado   ____ presente

2. ____ pasado   ____ presente

3. ____ pasado   ____ presente

4. ____ pasado   ____ presente

5. ____ pasado   ____ presente

6. ____ pasado   ____ presente

7. ____ pasado   ____ presente

8. ____ pasado   ____ presente

9. ____ pasado   ____ presente

10. ____ pasado   ____ presente

11. ____ pasado   ____ presente

12. ____ pasado   ____ presente

13. ____ pasado   ____ presente

14. ____ pasado   ____ presente

15. ____ pasado   ____ presente

16. ____ pasado   ____ presente

17. ____ pasado   ____ presente

18. ____ pasado   ____ presente

19. ____ pasado   ____ presente

20. ____ pasado   ____ presente

III. La lección de Brian Miguel and his friend Ángela are helping Brian with past-tense verbs. When they give him a sentence in the present, take his part and convert the sentence to the preterite. Then confirm your answer by listening to Miguel and Ángela's responses. Follow the model.

MODELO: You hear: Ellos miran muchas cosas interesantes.
You say: *Ellos miraron muchas cosas interesantes.*
You hear: Ellos miraron muchas cosas interesantes.

△ HINT: Associating the present with the past tense in each of the forms may help you to remember and use the verbs. You may wish to review the preterite forms on pages 304 and 314 of your text.

1. ... 2. ... 3. ... 4. ... 5. ... 6. ... 7. ... 8. ... 9. ... 10. ... 11. ...

12. ... 13. ...

IV. Ya hicimos eso. *(We already did that.)* Daniel is restless and makes several suggestions about things to do. But for each suggestion he makes, Cecilia reminds him that he, or they, have already done it. Take her role in the conversation. Confirm your response by listening to what she says. Then repeat Daniel's reply after him. Follow the models.

MODELO A: You hear: (Daniel) Tengo ganas de comer un taco.
You say: *Ya comiste un taco.*
You hear: (Cecilia) Ya comiste un taco.
(Daniel) ¿Ya comí un taco? Sí, pero quiero otro.
You repeat: *¿Ya comí un taco? Sí, pero quiero otro.*

MODELO B: You hear: (Daniel) ¿Por qué no vamos al centro?
You say: *Ya fuimos al centro.*
You hear: (Cecilia) Ya fuimos al centro.
(Daniel) ¿Ya fuimos? Quiero ir otra vez.
You repeat: *¿Ya fuimos? Quiero ir otra vez.*

△ HINT: **Ya** *(already)* is a common adverb to use with the past tense. You may wish to review other adverbs and prepositions used with the past on pages 320–321 of your text.

1. ... 2. ... 3. ... 4. ... 5. ... 6. ... 7. ... 8. ... 9. ...

V. ¿Qué hicieron? Eduardo is listening to Luis and Tica tell how they spent the weekend.

A. Listen to what they say as you look at the drawings. Afterward you will be asked to restate what they did.

△ HINT: Before completing this activity look over the pictures to determine what vocabulary you expect to hear.

B. Now, use the drawings on the next page and the cues provided as a guide and restate what Tica and Luis did, using the appropriate third-person verb forms for **él, ella,** and **ellos.** Then confirm your response by listening to Eduardo remember aloud the sequence of events. Then repeat what he says. Follow the model.

MODELO: You hear: (Tica) Flores.
You say: *Ella recibió flores de Luis.*
You hear: (Eduardo) Ella recibió flores de Luis.
You repeat: *Ella recibió flores de Luis.*

1. ...   2. ...   3. ...   4. ...   5. ...   6. ...   7. ...   8. ...

VI. Pronunciación: Stress and Syllables

A. In Spanish, three different syllables may be stressed: the final syllable (**terminó** [he or she finished]), the next-to-last syllable (**termino** [I finish]), and the syllable before that one (**término** [terms of an agreement]). For verbs, stress is very important because it can indicate the tense. The present tense is stressed in the next-to-last syllable, while the preterite is stressed in the first syllable after the base. Practice the following sentences, paying special attention to the stressed syllable. Repeat after the speaker.

1. Comí mucho anoche.

2. Salieron de casa.

3. Canté en el baño.

4. Bailó el cha-cha-chá.

5. Aprendí a hablar español.

△ HINT: The rule does not apply to verbs ending in **-ando** or **-iendo (-yendo).**

B. **Los acentos** Since it is not normal for most Spanish words to end with a stressed vowel, Spanish uses a written accent mark to indicate this situation. Listen to and repeat the following pairs of words and write them down.

1. ...   2. ...   3. ...   4. ...   5. ...   6. ...   7. ...

VII. María bailó mucho. Listen to each sentence and then circle from the choices provided the statement that is more closely related to what you heard. Say it aloud and then confirm your response by listening to the correct answer.

MODELO: You hear: María está muy cansada.
You read: **Bailó mucho anoche.   No hizo nada.**
You say: *Bailó mucho anoche.*
You hear: Bailó mucho anoche.

1. Corrió veinte millas.   Hizo un mandado —fue al correo.

2. Salió con sus padres al restaurante.   Hizo las maletas.

3. Perdí las entradas.   Recibí muchas cartas.

4. Hice un viaje muy bueno.   Vendí mi bicicleta y compré una cama nueva.

5. Tú y yo hicimos la cama de mis padres.   Volvimos a casa a las once.

6. Compartimos la información.   No hicimos nada.

7. No comprendimos la lección.   Asistimos a otra fiesta.

8. Comimos y luego miramos televisión.   No corrieron ayer por la mañana.

9. Comieron mucho.   Estuve en Chile, Ecuador y Bolivia.

10. Asistí a clase anteayer.   Fueron a muchos lugares interesantes.

VIII. Anteayer Change each sentence you hear, replacing the time expression with the one from the following list. Then listen for the correct answer and repeat it. Follow the model.

MODELO: You hear: Fui a la biblioteca ayer.
You read: **anteayer**
You say: *Fui a la biblioteca anteayer.*
You hear: Fui a la biblioteca anteayer.
You repeat: *Fui a la biblioteca anteayer.*

1. el viernes pasado

2. ayer por la tarde

3. por dos horas

4. el año pasado

5. anoche

6. el lunes pasado

7. por una hora

IX. **¿Hace cuánto... ?** Celinda, a friend of Cecilia's, asks her friend Antonio some questions. Take the part of Antonio, stating that you did the activity according to the time indicated in your lab manual. Indicate your answer with the preterite form of the verbs and **hacer,** using the verbal cues provided. Follow the model.

MODELO: You hear: Antonio, ¿cuándo llegaste a casa?
              You read: **una hora**
              You say: *Llegué hace una hora.*
              You hear: Llegué hace una hora.
              You repeat: *Llegué hace una hora.*

1. una hora

2. tres días

3. 15 minutos

4. tres horas

5. media hora

X. **Radio Futuro** As Lola and Miguel talk about Emilia, Miguel receives two important calls on **Radio Futuro.**

A. Take notes on what each one says. Concentrate on what you understand and try not to be distracted by unfamiliar vocabulary. You will be asked questions afterward. You will hear the passage twice.

Lola... _____

_____

NAME _____

Lola y Emilia fueron a… _____

_____

_____

Emilia no compró… _____

_____

Lola compró… _____

_____

Emilia fue… _____

_____

Daniel y Miguel hablan de… _____

_____

_____

_____

Daniel y Miguel quieren… _____

_____

Mauricio y Miguel hablan de… _____

_____

_____

_____

B. Now answer the following questions and correct the statements about what you just heard. Repeat the correct answer after you hear it. Note that your answer may be worded differently. Follow the model.

MODELO: You hear: Anoche Emilia estuvo contenta.
         You say: *No, estuvo triste.*
         You hear: No, estuvo triste.
         You repeat: *No, estuvo triste.*

1. …   2. …   3. …   4. …   5. …   6. …   7. …   8. …   9. …   10. …

Capítulo trece ***Los pasatiempos***   **91**

CAPÍTULO CATORCE

ACTIVIDADES DEPORTIVAS

I. El deporte You will hear a series of descriptions about various sports and leisure activities, along with the names of some famous Hispanics involved in the sport. Indicate which sport is mentioned by placing the correct number next to the sport. You may check your response in the answer key.

△ HINT: Before beginning this activity, look over the sports mentioned and brainstorm any information you and your classmates may know about sports or sports figures. One word you might need to know is **equipo** *(team).*

béisbol _____

tenis _____

patinar _____

golf _____●___

levantar pesas _____

hockey _____

fútbol _____

vólibol _____

baloncesto _____

II. Hace un segundo o un siglo (*A second or a century ago*) Refer to the cues provided, then respond to each question or statement you hear. The first cue tells when the event took place, and the second gives the current time or date. Say how long ago each event occurred; then repeat the correct answer after the speaker. Follow the model.

MODELO: You hear: (Luis) Hace un mes que hablaste con Pedro, ¿no?
You read: **agosto... octubre**
You say: *No, hace dos meses que hablé con él.*
You hear: (Tica) No, hace dos meses que hablé con él.
You repeat: *No, hace dos meses que hablé con él.*

△ HINT: Before completing this activity, you may wish to review the cues.

1. martes... jueves
2. viernes... domingo
3. sábado... martes
4. 2:00... 3:00
5. 3:15... 3:25
6. marzo... mayo
7. enero... julio
8. 1993... 1996

III. Prefiero practicarlo. You will hear some descriptions of leisure activities that some people enjoy. Circle the activity that likely corresponds to the description. Part of the chart is already filled in for you.

1. practicar el esquí acuático   ir de camping
2. tomar el sol   practicar el alpinismo
3. ir de camping   bucear
4. ir al restaurante   ir de pesca
5. nadar   caminar en la playa
6. practicar la vela   practicar el ciclismo

IV. **Los tres amigos** Listen to the narration concerning sports and leisure activities. As you listen, take note of what is said by filling in the chart below. Part of the chart is already filled in for you. You will hear the narration twice.

△ HINT: One way of taking notes for this activity is to listen the first time for general information, and then write down the specific information requested the second time you listen.

¿Nombre de los amigos?	¿Cuándo jugaron?	¿Dónde jugaron?	¿Deportes mencionados?
Sonia y Mari		parque	
		gimnasio	

V. **Más de los amigos** Now you will hear some statements about the narration. Based solely on information provided in the narration, decide if the statements are **correcto** *(C),* **incorrecto** *(I)* or **no hay información en la narración** *(N).* Circle the appropriate letter.

1. C   I   N   5. C   I   N

2. C   I   N   6. C   I   N

3. C   I   N   7. C   I   N

4. C   I   N

VI. **Primero, luego y por fin** Listen to Emilia and her friends in Spain give short accounts of what they did on various occasions. Then repeat each account, adding **"Primero..."** to the first sentence, **"Luego..."** to the second and **"Por fin..."** to the last. Use the following hints to help you form the sentences. Each passage will be repeated so you can check your answer. Follow the model.

MODELO: You hear: (Miguel) Busqué mi guitarra. Toqué y canté por dos horas. Fui a la casa de un amigo.
                You read: **Busqué... Toqué y... Fui...**
                You say: *Primero busqué mi guitarra. Luego toqué y canté por dos horas. Por fin fui a la casa de un amigo.*
                You hear: Primero busqué mi guitarra. Luego toqué y canté por dos horas. Por fin fui a la casa de un amigo.

1. Tomé... Fui... Volví...

2. Llamó... Fui... Volvimos...

3. Tuve que... Ella buscó... Salimos y volvimos...

4. Leí... Miré... Fui...

5. Fui... Pedí... Pagué...

6. Anduve... Pasé... Compré...

VII. **La lección de Brian** Take Brian's part in the following exchange with Silvia, who is helping him practice with verbs. Listen to each of her incomplete sentences, then repeat it, adding the most appropriate verb from the choices provided. Pay attention to both the form and meaning of the verbs. Then repeat the correct answer after Silvia says it. Follow the model.

MODELO: You hear: Ayer yo... tenis con ellos.
                You read: **practicó...jugué...toqué**
                You say: *Ayer yo jugué al tenis con ellos.*
                You hear: Ayer yo jugué al tenis con ellos.
                You repeat: *Ayer yo jugué al tenis con ellos.*

1. llegaste...llegó...pagaron

2. tocaron...tocó...jugó

3. jugaron...jugaste...practicamos

4. tuvo...miro...busqué

5. fueron...llegaron...pagaron

6. jugó...jugaste...tocaste

7. sacó...saqué...pagué

8. jugamos...tocamos...fuimos

9. saqué...llegué...llegó

VIII. El pasado You will hear a series of statements. In your lab manual there are some logical conclusions about the statements. Using the verbs provided, state the conclusions in the preterite. Follow the model.

MODELO: You hear: Miraste la tele el día entero.
You read: **No hacer nada.**
You say: *No hiciste nada.*
You hear: No hiciste nada.
You repeat: *No hiciste nada.*

△ HINT: You may wish to review the irregular verbs in the preterite on pages 306, 312, and 322 of your text before completing this activity.

1. Estar con amigos

2. Hacer muchas actividades

3. Tener que estudiar

4. Andar al parque

5. Ir también al cine con ellos

6. Andar a la playa

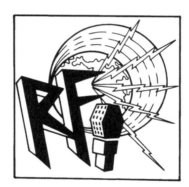

IX. Radio Futuro Mauricio calls Emilia, who is still in Spain with her aunt. Unfortunately for Mauricio, Emilia has gone out for the afternoon. Miguel speaks with Mauricio, who inquires about various activities Emilia has done. As you listen, take notes on what they say.

NOTAS:

Now, write a brief paragraph summarizing the activities mentioned in the **Radio Futuro** episode.

△ HINT: Although you may not remember every activity, try to concentrate on main ideas. Since Mauricio and Miguel talked about the past, you should use the preterite forms of verbs. It may help you to review the regular and irregular preterite forms before completing this activity.

_____

_____

_____

_____

_____

_____

_____

_____

_____

_____

_____

_____

~~~~~~~~~~~~~~~~~~~~
CAPÍTULO QUINCE
~~~~~~~~~~~~~~~~~~~~

DOS DEPORTES POPULARES

I. ¿El tenis o el béisbol? Listen to the following descriptions of either tennis or baseball. Circle either **tenis** or **béisbol** according to the descriptions given. You will hear the correct answer.

1. el béisbol   el tenis

2. el tenis   el béisbol

3. el béisbol   el tenis

4. el tenis   el béisbol

5. el béisbol   el tenis

6. el tenis   el béisbol

7. el béisbol   el tenis

II. Ahora mismo As you listen to each sentence, identify the verb you hear and circle it. There may be several verbs in one sentence. Answers are in the answer key. The verbs you will hear are in the present progressive form. Follow the models.

MODELO A: You hear: Sus padres están saliendo de la casa ahora.
    You read: **aprender   salir   cantar   saber**
    You circle: *salir*

MODELO B: You hear: Sus padres están saliendo de la casa y caminando hacia la escuela.
    You read: **aprender   salir   caminar   saber**
    You circle: *salir   caminar*

1. nadar   hablar   pasar   escribir

2. leer   comprender   aprender   pasar

3. trabajar   tomar   ganar   vivir

4. hablar   visitar   jugar   venir

5. entrar   subir   bajar   enseñar

6. comprar   ganar   andar   vender

7. entrar   comer   pagar   hacer

8. escuchar   tomar   comer   dar

9. ir   trabajar   recibir   bailar

10. ser   pensar   buscar   esperar

11. cenar   dormir   viajar   correr

12. comprar   cambiar   contestar   subir

13. hacer   ver   leer   decir

14. buscar   llevar   correr   comer

15. dar   preguntar   tocar   mirar

16. escuchar   jugar   tomar   llegar

III. ¡Ya hice la tarea! Luis and his parents are proud of their hard work and ability to get things done. Reply to each question you hear by saying that you already did whatever was mentioned. Then listen for the correct answer and repeat it. Follow the model.

△ HINT: This activity relates the present progressive to the preterite. It may be helpful to review these tenses on pages 360–361 of your text before completing the activity.

MODELO: You hear: (Padre de Luis) Luis, es importante leer. ¿Estás leyendo el libro de matemáticas?
   You say: *¡Ya leí el libro de matemáticas!*
   You hear: (Luis) ¡Ya leí el libro de matemáticas!
   You repeat: *¡Ya leí el libro de matemáticas!*

1. ...   2. ...   3. ...   4. ...   5. ...   6. ...   7. ...   8. ...

IV. ¿Qué están haciendo? Refer to each of the following drawings and tell what the person shown is doing. Check your answer by listening to the correct response, accompanied by a second comment. Repeat the second comment. Follow the model.

MODELO: You hear: (Narrator) ¿Qué está haciendo
                         Gloria?
          You see: drawing
          You say: *Está caminando.*
          You hear: (Narrator) Está caminando.
                         (Gloria) Sí, estoy caminando. Me
                         gusta caminar en Madrid.
          You repeat: *Sí, estoy caminando. Me gusta*
                         caminar en Madrid.

Gloria

Patricia

padres de Luis

Lola

Tomás

Lorenzo

1. ...   2. ...   3. ...   4. ...   5. ...

V. ¿Qué quisiera hacer Cecilia? Cecilia hears about what other people are doing, and she wants to do the same thing. Form sentences expressing her plans, using the cues provided. Listen to Cecilia to confirm your answer, then repeat it. Follow the model.

MODELO:　You hear:　(Narrator) Carmen y Elena están jugando al básquetbol.
　　　　　　You read:　**Tengo ganas de...**
　　　　　　You say:　*Tengo ganas de jugar al básquetbol también.*
　　　　　　You hear:　(Cecilia) Tengo ganas de jugar al básquetbol también.
　　　　　　You repeat: *Tengo ganas de jugar al básquetbol también.*

1. Tengo ganas de...

2. Espero...

3. Quisiera...

4. Pienso...

5. Quisiera...

6. Tengo ganas de...

7. Pienso...

8. Pronto espero...

9. Tengo que...

VI. El futuro Natalia and Estela, two friends of Miguel Palacios, discuss what they did yesterday **(ayer).** As they question each other, play their roles by stating that you or the people mentioned will do the same activity tomorrow **(mañana).** Follow the model.

MODELO:　You hear:　Oye, Estela, ¿fuiste a la escuela ayer?
　　　　　　You say:　*No, pero voy a ir a la escuela mañana.*
　　　　　　You hear:　No, pero voy a ir a la escuela mañana.
　　　　　　You repeat: *No, pero voy a ir a la escuela mañana.*

△ HINT: This activity relates the preterite to the future forms. You may wish to review both tenses on pages 360–361 of your text before completing this activity.

1. ...　2. ...　3. ...　4. ...　5. ...　6. ...　7. ...　8. ...

VII. Radio Futuro

A. Miguel tries to firm up plans for "Gato Grande," the international rock band. Some of our characters discuss what they did previously, others discuss what they are doing now, and still others make plans for the future. As you listen to the conversation, take notes on what is said.

△ HINT: Remember that the characters are from different countries, and they have different accents. Patricia, Daniel, and Cecilia are from Mexico, Mauricio and Emilia are from Colombia, Tica and Luis are from Puerto Rico, and Miguel is from Spain.

_____

_____

_____

_____

_____

_____

_____

_____

_____

_____

B. Now you will hear a series of questions concerning the **Radio Futuro** episode you just heard. Based on the clues you see, respond orally to the questions. The correct answer will be provided for you.

1. Miguel   Mauricio   Emilia

2. Madrid   Bogotá   San Juan

3. está estudiando   está hablando con su madre está haciendo la maleta

4. Madrid   Bogotá   San Juan

5. practicaron mucho   hablaron con los otros   estudiaron mucho

6. los padres de Patricia   la tía de Emilia   los padres de Mauricio

7. Gato Grande   Gato Gordo   Somos uno

I. **Espero viajar.** Change each sentence you hear from the past to one that expresses future hopes, using the appropriate form of **esperar** with the corresponding verb. Then listen to the correct answer and repeat it. Follow the model.

MODELO: You hear: Hablé por teléfono con mi primo.
You say: *Espero hablar por teléfono con mi primo.*
You hear: Espero hablar por teléfono con mi primo.
You repeat: *Espero hablar por teléfono con mi primo.*

1. ...   2. ...   3. ...   4. ...   5. ...   6. ...   7. ...   8. ...

II. **¿Qué pasó? ¿Qué está pasando? ¿Qué puede pasar?** Listen to each series of verbs or short phrases. Some refer to past events, some to events in progress, and others to a plan or a future event. In each series, write down the one that is different from the other three. Answers are in the answer key. Follow the model.

MODELO: You hear: puede ir esta noche... pensamos trabajar...
estás caminando... voy a estar bien
You write: *estás caminando*

1. _____

2. _____

3. _____

4. _____

5. _____

6. _____

7. _____

III. **El guión** *(script)* **de Tica** Listen to Tica describe the script she is writing with the hope that someday it will be a screenplay for her favorite actor, Andy García. In the space provided, write two questions you would ask Tica about what happens in the script she is creating. Use preterite verb forms, present progressive forms, or future actions, —whichever is appropriate to the situation. Follow the model.

MODELO: You hear: (Tica) Bueno, el hombre —Andy García— se llama en mi
                         guión "El Tigre" —El Tigre está caminando por la calle. Esta-
                         mos en una ciudad grande. Es de noche.
          You write: (Many questions are possible.): *¿Por qué está caminando?*
                         ¿A dónde va?

1. _____

   _____

2. _____

   _____

3. _____

   _____

4. _____

   _____

SEXTA UNIDAD

Vamos de compras

CAPÍTULO DIECISÉIS

VAMOS AL CENTRO COMERCIAL

I. ¿Dónde están y qué quieren? You will hear conversations among people who are shopping. Concentrate on what you understand, and try not to be distracted by unfamiliar vocabulary. Look at the words provided and decide which one applies to the conversation you just heard. Then determine in what kind of store each conversation is taking place, and state this information. Then listen for the correct answer. Follow the model.

MODELO: You hear: Señorita, no puedo… no encuentro la receta que me dio la doctora Isabel González. Este… ah, aquí está.
A ver… sí, es para un antibiótico muy común. Estoy segura que tenemos este antibiótico. Si me permite un momento…
You read: **tienda de deportes…farmacia…panadería**
You say: *Estamos en una farmacia.*
You hear: Estamos en una farmacia.

1. zapatería…farmacia…tienda de deportes

2. papelería…oficina de correos…tienda de discos

3. tienda de discos…carnicería…supermercado

4. tienda de estéreos…panadería…florería

5. tienda de deportes…tienda de estéreos…panadería

II. Repaso: ¿Está pasando o ya pasó? Take Brian's role as he practices using the progressive and past tenses with Emilia and her friend Estefanía. Form sentences using the hints you hear, then confirm your responses by listening to the correct answers. Follow the model.

MODELO: You hear: (Emilia) Vamos a empezar. La primera frase: Ellos escriben
                      una carta.
                      (Estefanía) En este momento...
          You say: *Están escribiendo una carta.*
          You hear: (Emilia) Están escribiendo una carta. Y, ¿anoche?
          You say: *Escribieron una carta.*
          You hear: (Estefanía) Escribieron una carta.

1. ...   2. ...   3. ...   4. ...   5. ...   6. ...

III. Les gusta mucho.

A. Change each sentence you hear according to the cue given. Then listen for the correct answer and repeat it. Follow the model.

MODELO: You hear: A Carlos le gustan los tacos de pollo.
                       A Carlos y a Juan
          You say: *A Carlos y a Juan les gustan los tacos de pollo.*
          You hear: A Carlos y a Juan les gustan los tacos de pollo.
          You repeat: *A Carlos y a Juan les gustan los tacos de pollo.*

1. ...   2. ...   3. ...   4. ...   5. ...

B. Now follow the same procedure. This time the change will be in what different people like. Follow the model.

MODELO: You hear: A ellas les gustan las películas italianas.
                       el cine
          You say: *A ellas les gusta el cine.*
          You hear: A ellas les gusta el cine.
          You repeat: *A ellas les gusta el cine.*

△ HINT: Remember that "I like" and **me gusta** have different structures in English and Spanish. You may wish to review **gustar** before completing this activity.

1. ...   2. ...   3. ...   4. ...   5. ...

IV. ¿Qué debo comprar? Listen to Tica and Luis talk about buying things. Complete their statements by saying aloud the most appropriate of the choices provided. Then listen for the correct answer and repeat the entire statement. Follow the model.

MODELO: You hear: (Luis) Mañana es el cumpleaños de mi madre. Voy a...
          You read: **la piscina...la florería...la estación de trenes**
          You say: *la florería*
          You hear: (Luis) Voy a la florería.
          You repeat: *Voy a la florería.*

1. mis zapatos...tarjetas y flores...matemáticas y biología

2. un nuevo automóvil...una nueva raqueta de tenis...unas pelotas de tenis

3. a la casa de mi abuela...a la escuela...a la librería

4. nadé en la piscina...compré papel y sobres...compré un pan francés

5. cosas para el béisbol y el golf...muchas camas y escritorios...tortas y chocolates

6. una cinta del mismo grupo...agua mineral...un patio moderno

7. en mi estómago...en el escaparate...en el café

8. leer libros...estudiar biología...trabajar en un restaurante

9. ¿...eres mi papá?... ¿es lunes?... ¿tienes otra hoja?

V. Sólo le gusta dormir *(to sleep).* Marta and Regina, friends of Miguel, are talking about family members and friends. Take Marta's part in the conversation, and make a comment based on the hints provided and the activity or thing Regina mentions. Then listen for Marta's response and repeat it. Follow the model.

MODELO: You hear: (Regina) A mí me gusta leer.
You read: **prima Verónica: sólo dormir**
You say: *A mi prima Verónica no le gusta leer. Sólo le gusta dormir.*
You hear: (Marta) A mi prima Verónica no le gusta leer. Sólo le gusta dormir.
You repeat: *A mi prima Verónica no le gusta leer. Sólo le gusta dormir.*

1. primo Esteban: sólo dormir

2. amiga Renata: sólo mirar la televisión

3. amigo Jeff: sólo correr

4. primo Carlos: sólo la historia

5. prima Eva: sólo los libros antiguos

6. tío Fernando: sólo los discos viejos

7. amiga de California: sólo recibir cartas

8. tíos: sólo la música clásica

9. muchos de mis amigos: sólo los vídeos

VI. Pronunciación: la /r/ y la /rr/

A. First listen to each word or phrase you hear and determine if one of the sounds it contains is a single **r** or a trilled **rr.** Then circle the appropriate response. Answers are in the answer key. Follow the model.

MODELO: You hear: (Daniel) mi amigo Rubén
You circle: *rr*

1. r   rr
2. r   rr
3. r   rr
4. r   rr
5. r   rr
6. r   rr
7. r   rr

8. r rr
9. r rr
10. r rr
11. r rr
12. r rr

B. Now listen to the following sentences, then repeat them as you read along.

1. ... 2. ... 3. ... 4. ... 5. ... 6. ... 7. ... 8. ... 9. ... 10. ...

VII. Rafael tiene una pesadilla *(nightmare)*. Rafael, a friend of Luis', is dreaming about his relationships with his friends as well as the business he would like to have some day. But the voices he hears in his dream are confusing: one voice tells him to do something, but another voice tells him the opposite. Play the role of one of these voices. Each time you hear an affirmative command, make it negative, and vice versa. Then listen for the correct answer and repeat it. Follow the model.

MODELO: You hear: (Rafael) Debo hablar con Tica.
                    (Luis) Habla con ella. *or*
                    No hables con ella.
         You say: *No hables con ella. or*
                   Habla con ella.
         You hear: No hables con ella. *or*
                    Habla con ella.
         You repeat: *No hables con ella. or*
                     Habla con ella.

1. ... 2. ... 3. ... 4. ... 5. ... 6. ... 7. ... 8. ... 9. ... 10. ...

VIII. Radio Futuro Mauricio, broadcasting from Colombia, and Emilia, transmitting from Spain, are hosting a program in which they exchange gossip (**chismes**) about their friends and give them advice (**consejos).**

A. **Consejos** Listen to what they say and take notes in the space provided. You will be asked questions afterward. You will hear the passage twice.

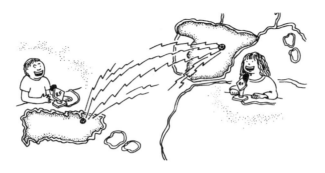

Emilia y Mauricio transmiten desde... _____

_____

Mauricio habla sobre... _____

_____

_____

¿Qué hace Tica? _____

_____

_____

El consejo para Tica es... _____

_____

_____

El consejo para Luis es... _____

_____

_____

El consejo para Miguel es... _____

_____

_____

El consejo para Emilia es... _____

_____

_____

B. Now write out the answers to the questions you hear. The answers are in the answer key.

1. _____

2. _____

   _____

3. _____

   _____

4. _____

5. _____

6. _____

   _____

7. _____

   _____

C. Now use the space provided to give at least three pieces of your own advice to either Tica, Luis, Miguel, or Lola. Also give two pieces of advice to Emilia and Luis about their gossip program. Use **tú** affirmative and negative commands when addressing individuals and **Uds.** affirmative and negative commands when addressing more than one person.

Mis consejos para _____:

1. _____

2. _____

3. _____

Mis consejos para Emilia y Mauricio:

1. _____

2. _____

3. _____

CAPÍTULO DIECISIETE

¿CUÁNTO CUESTA... ?

I. En el mercado al aire libre You are at an outdoor market that offers for sale not only fruits and vegetables, but also handicrafts **(artesanías),** kitchen utensils, and small imported items such as portable cassette recorders, radios, and watches. Refer to the drawing as you listen to each conversational exchange. Concentrate on what you can understand and determine what category of product is being discussed, then mark the corresponding choice. Confirm your answer by listening to the correct response. Follow the model.

MODELO: You hear: (Hombre) Señorita, ¿qué le parece esta escultura?
                                       Es una madera muy fina. Es muy artística.
                                         (Mujer) Tal vez. O… no sé. También es interesante este
                                       sombrero de paja. O… alguna cerámica.
          You read: **vegetales…utensilios de cocina…artesanías**
          You mark: *artesanías*
          You hear: (Hombre) Artesanías. Ella piensa comprar una artesanía.

1. _____ artículos importados _____ vegetales _____ utensilios de cocina

2. _____ frutas _____ vegetales _____ artesanías

3. _____ vegetales _____ utensilios de cocina _____ frutas

4. _____ artesanías _____ frutas _____ vegetales

5. _____ artesanías _____ artículos importados _____ vegetales

6. _____ utensilios de cocina _____ frutas _____ artículos importados

II. **¿Qué deben comprar?** Listen to what each person says and try to determine what category of item is mentioned. Then look at the choices provided and write a check next to the item that fits best in that category. Answers are in the answer key. Follow the model.

MODELO: You hear: (Tica) Uvas, fresas, bananas... A ver... ¿Qué más debo comprar para la ensalada de frutas?
You read: **cebollas, un pastel, peras, la pelota**
You mark: *peras*

△ HINT: You may wish to review the vocabulary before completing this activity.

1. _____ mochilas y _____ fresas _____ guantes de _____ radios y equipos
bolsas de cuero béisbol de sonido

2. _____ queso _____ jugo de _____ zanahorias _____ café o té
piña

3. _____ sal _____ relojes _____ sombreros _____ yogur

4. _____ un acordeón _____ zapatos _____ una máquina _____ un pastel de
de tenis de escribir manzana

5. _____ sillas _____ grabadoras _____ bolígrafos _____ cebollas

6. _____ televisores _____ fresas _____ sal _____ mesas

7. _____ pasta _____ pollo _____ mayonesa _____ yogur

III. Pronunciación: Repaso This is an opportunity to review the pronunciation of sounds from previous lessons. Read aloud each of the following sentences. Then listen to Mauricio or Emilia pronounce it, and repeat what you hear. Follow the model.

MODELO:　You read and say: ***Aquellos muchachos usan ropa muy extraña.***
　　　　　You hear:　　　(Mauricio) Aquellos muchachos usan ropa muy extraña.
　　　　　You repeat:　　*Aquellos muchachos usan ropa muy extraña.*

1. Los hoteles de esta ciudad son buenos.

2. No podemos comprar allí porque la tienda está cerrada.

3. Mis padres dicen que debo volver a Bogotá.

4. En Madrid preparan unas sopas deliciosas; en mi país hay sopas ricas también.

5. Algunos norteamericanos no pueden pronunciar la *rr* bien; por ejemplo, en la palabra *ferrocarril* —el ferrocarril es el tren.

6. Colombia tiene ciudades con nombres indígenas, por ejemplo, Ibagué y Zipaquirá.

7. Mi madre me da muchas órdenes: no vayas, no hagas, no digas, no seas, no pongas y no salgas.

8. A veces trabajo en la estación de radio con Jorge Ojeda y Reinaldo Restrepo Torres.

IV. ¿Un litro o una libra? Complete the sentence you hear by choosing the item from the following list that better fits the unit of measurement. Then listen to the correct response and repeat the entire sentence.

MODELO:　You hear:　　Quisiera un litro de…
　　　　　You read:　　**carne　leche**
　　　　　You say:　　*leche*
　　　　　You hear:　　Quisiera un litro de leche.
　　　　　You repeat: *Quisiera un litro de leche.*

1. tomates　jugo

2. arroz　zanahorias

3. maíz　naranjas

4. agua mineral　pan dulce

5. atún　uvas

6. mantequilla　limón

7. cebollas　leche

8. jamón　limonada

V. Patricia habla de sus amigos.

A. As you listen to Patricia talk about herself and her friends, concentrate on what you understand and try to remember as much as possible. Take notes in the space provided. Later you will be asked which of the phrases you hear were actually said by Patricia.

_____

_____

_____

_____

_____

_____

_____

_____

B. Now listen to each series of short phrases and say aloud the phrase that Patricia actually said. Then listen to Patricia to confirm your answer and repeat what she says.

MODELO: You hear: prefiero tocar...corriendo...esa gente
         You say: _esa gente_
         You hear: esa gente
         You repeat: _esa gente_

1. ...   2. ...   3. ...   4. ...   5. ...   6. ...

VI. **¿Qué quiere comprar Ud.?** When asked if you would like a particular food or drink, say that you want it as well as the item indicated. Use the same basic demonstrative adjective as the one you hear in the question, changing its form as necessary. Then listen to the correct response and repeat it. Follow the model.

MODELO: You hear: (Narrator) ¿Quiere Ud. estas uvas?
          You read: **mango**
          You say: _Sí, estas uvas y este mango también._
          You hear: (Cecilia) Sí, estas uvas y este mango también.
          You repeat: _Sí, estas uvas y este mango también._

1. naranjas

2. litro de leche

3. zanahorias

4. galletas

5. botellas de agua mineral

VII. **¿Cuál? ¿Éste?** You will hear a question about someone or something. Respond by asking for clarification. Your response should include the appropriate form of the demonstrative pronoun you hear in the question. It should also include the information provided. Confirm your question by listening to the correct response, and then repeating it. Follow the model.

MODELO: You hear: (Miguel) ¿Quién es aquel hombre?
          You read: **que está bailando con Julia**
          You say: *¿Cuál? ¿Aquél que está bailando con Julia?*
          You hear: (Ángela) ¿Cuál? ¿Aquél que está bailando con Julia?
          You repeat: *¿Cuál? ¿Aquél que está bailando con Julia?*

1. que acaba de tomar Lola

2. del pelo negro

3. que cuesta doscientos pesos

4. que cuestan quinientos pesos

5. que está bebiendo café

6. que están al lado de los limones

7. que no tiene precio

VIII. Radio Futuro

A. Listen to the following conversation between Miguel and Luis. Try to remember as much as possible. Take notes in the space provided. Miguel and Luis will provide a summary of what has happened in the last few episodes of **Radio Futuro.** Afterwards, you will be asked questions about this episode.

_____

_____

_____

_____

_____

_____

_____

_____

B. Now you will hear a series of statements about the reading you just heard. In your lab manual, circle *C* if the statement is correct, *I* if the statement is incorrect, or *N* if the information was not mentioned in the episode. You will hear each statement twice.

1.   C   I   N

2.   C   I   N

3.   C   I   N

4.   C   I   N

5.   C   I   N

6.   C   I   N

7.   C   I   N

8.   C   I   N

CAPÍTULO DIECIOCHO

¿QUÉ QUIERES COMPRAR?

I. La tienda de Tica Tica and Luis are talking about their plans for the future. As usual, Tica is enthusiastic about her future in business and is claiming that she could do well with any business, even a clothing store. Luis raises doubts about how easy things would be.

A. Listen to their conversation and try to remember as much as possible, concentrating on expressions of comparison such as **mejor**, **peor**, **más... que**, etc., and of equality, such as **tantos... como**, **tan... como**, etc. Take notes in the space provided. Later you will be asked whether you heard certain phrases in the conversation.

_____

_____

_____

_____

_____

_____

_____

_____

B. Now you will hear two phrases. Say aloud the phrase that comes from the conversation you just heard. Then listen to Tica or Luis give the correct response. Follow the model.

MODELO: You hear: (Narrator) una tienda de ropa... una carnicería
You say: *una tienda de ropa*
You hear: (Tica) una tienda de ropa

1. ... 2. ... 3. ... 4. ... 5. ...

II. La lección de Brian: ¡Tanta confusión! Emilia and Miguel are helping Brian try to express himself using **más, menos, tan, tanto,** etc. Take Brian's part in the conversation by making a statement of comparison after listening to what Emilia or Miguel says. Always begin the comparison with the first item, place, person, etc., mentioned. Confirm your response by listening to what Emilia or Miguel replies and repeating it. Follow the model.

MODELO: You hear: (Emilia) Vale, empecemos. Tu cámara cuesta... no sé... en dólares... tu cámara cuesta ciento cincuenta dólares, y la cámara de Lola cuesta ochenta.
You say: *Mi cámara cuesta más que la cámara de Lola.*
You hear: (Miguel) Mi cámara cuesta más que la cámara de Lola.
You repeat: *Mi cámara cuesta más que la cámara de Lola.*

1. ... 2. ... 3. ... 4. ... 5. ... 6. ... 7. ...

III. El guión de Tica Tica is thinking aloud about her screenplay again, concentrating on how her detective hero looks and how he will be dressed. Listen to each statement she makes, then say aloud the phrase of the two provided that better completes each thought. Confirm your answer by listening to Tica finish her thought. Follow the model.

MODELO: You hear: (Tica) Mi detective se va a llamar... Valdés. Nadie sabe su nombre, solamente su apellido. Valdés. Valdés es fuerte, alto y...
You read: **muy guapo...tiene trece años**
You say: *muy guapo*
You hear: (Tica) muy guapo.

1. un abrigo negro...una falda

2. unas sandalias nuevas...un impermeable muy viejo

3. sandalias...un suéter de Irlanda

4. leyendo...bailando

5. puede ser su abuela...muy bonita

6. zapatos de tenis...zapatos de tacón

7. un hombre muy viejo...un perro muy simpático

8. una camisa muy cara...un impermeable viejo

9. ¿Quiere comprar estos calcetines?...¿Quién es usted? ¿Qué está haciendo aquí?

10. ¿Por qué es verde el guacamole?…¿Vienes conmigo? Vamos.

11. No puedo….Acabo de comer.

IV. Los ensueños *(daydreams)* **de Patricia** Patricia is thinking about different trips she would like to take. Listen to each situation she describes, concentrating on what you understand and trying not to be distracted by unfamiliar vocabulary. Then complete her statement with the more appropriate of the two short phrases that you hear. Confirm your answer by listening to what Patricia says, then repeating it after her. Follow the model.

MODELO: You hear: (Patricia) Puedo ir a la playa. En Venezuela. Hace mucho sol. Llevo mi bikini y…
                            (Narrator) unas camisetas…zapatos de tacón
           You say: *unas camisetas*
           You hear: (Patricia) unas camisetas
           You repeat: *unas camisetas*

1. …   2. …   3. …   4. …   5. …   6. …   7. …

V. Pronunciación: */l/* Listen to the following words and phrases as you read along, concentrating on the sound of the **l.** Then repeat what you heard. Follow the model.

MODELO: You read and hear: **la falda**
            You repeat: *la falda*

1. los abuelos   5. ¿Estás listo?

2. la leche   6. es inteligente

3. sandalia   7. Mi abuela no es mala.

4. el papel de la papelería   8. Le gusta la ropa elegante.

VI. Radio Futuro

A. Listen as friends on the **Radio Futuro** network greet each other, exchange news, gossip, and tease each other. Take notes in the space provided and try to remember as much as possible. Later you will be asked questions about what you heard. You will hear the passage twice.

_____

_____

_____

_____

_____

_____

_____

_____

_____

_____

B. Now read the following questions about what you heard. Write the letter of the correct response in the corresponding space. Follow the model. Answers are in the answer key.

MODELO: You read: **¿De quién habla Luis Soto, desde San Juan?**
  (a) De sus padres.
  (b) De Tica.
  (c) De la profesora de historia.

You write: _b_

_____ 1. ¿Qué quiere hacer Luis esta noche?
  (a) Hablar de Tica.
  (b) Salir con Tica.
  (c) Buscar su calculadora.

_____ 2. ¿Adónde quiere ir Luis?
  (a) A la piscina.
  (b) Al cine.
  (c) A una tienda de ropa.

_____ 3. ¿Qué información tiene Daniel?
  (a) Información sobre Cecilia.
  (b) Información sobre Radio Futuro.
  (c) Información sobre México.

_____ 4. ¿Qué piensa ser Cecilia un día?
  (a) Arquitecta.
  (b) Abogada.
  (c) Médica.

_____ 5. Según *(According to)* Daniel, ¿qué acaba de hacer Cecilia?
     (a) Acaba de comprar un vestido caro.
     (b) Acaba de vender su bicicleta.
     (c) Acaba de comprar un coche.

_____ 6. Según Mauricio, ¿dónde está Emilia?
     (a) En España.
     (b) En Colombia.
     (c) En la imaginación de Miguel.

_____ 7. ¿Cuándo es el concierto de "Gato Grande", la banda de los chicos?
     (a) el primero de julio
     (b) el 10 de julio
     (c) el 2 de julio

I. Asociación de palabras Listen to each group of words or phrases and then choose the item from the following list that is most closely associated with what you heard. Say the item aloud and then listen for the correct answer. Follow the model.

MODELO: You hear: piña…uva…manzana
You read: **harina…fresa**
You say: *fresa*
You hear: fresa

1. queso…atún

2. papa…hermano

3. galleta…cinturón

4. una libra…una bota

5. peor…pera

6. tomates…botas

7. licuado…estéreo

8. tacón alto…pastel

9. raqueta de tenis…tienda de ropa

II. Trato hecho. *(It's a deal.)* Mauricio is bargaining and making various purchases. Take his role in each exchange. Offer three hundred **pesos** less than the price the merchant tells you. If the merchant replies with a price closer to your offer than to the asking price, accept the deal and say, **Trato hecho.** However, if the merchant stays closer to the original price, say that the item is too expensive. Check each of your responses by listening to what Mauricio says. Follow the models.

MODELO A: You hear: (Narrator) ¿Estas sandalias? ¿Éstas? Valen ochocientos.
You say: *Quinientos.*
You hear: (Mauricio) Quinientos.
(Narrator) Seiscientos.
You say: *Trato hecho.*
You hear: (Mauricio) Trato hecho.

MODELO B: You hear: (Narrator) Dos mil por esta bolsa de cuero. Dos mil.
You say: *Mil setecientos.*
You hear: (Mauricio) Mil setecientos.
(Narrator) Mil novecientos, no menos.
You say: *No, gracias, la bolsa es muy cara.*
You hear: (Mauricio) No, gracias, la bolsa es muy cara.

1. …   2. …   3. …   4. …   5. …   6. …

III. Dictado: El Gato Grande Listen to what Miguel says, and fill in the blanks in the paragraph that follows. The passage will be given twice so that you have the time to write in the words. Answers are in the answer key.

MIGUEL: Hoy me _____ mis amigos del Radio Futuro.

_____ de cosas diferentes. Mauricio está en

_____, Luis está en _____ y yo estoy

en _____. Nosotros _____ planes

para nuestro concierto, el _____ de julio. Vamos a

_____ nuestra canción favorita, "_____".

Va a ser un concierto excelente.